"十三五"国家重点出版物出版规划项目·重大出版工程规划

中国工程院重大咨询项目成果文库

推动能源生产和消费革命战略研究系列丛书

（第二辑）

丛书主编　谢克昌

西部油气发展战略研究

赵文智　袁晴棠　李　阳等　编著

科学出版社

北　京

内 容 简 介

本书重点研究我国西部地区油气资源潜力和开发利用前景，以及新疆成为国家大型油气生产加工与储备基地的可行性，结合国家"一带一路"倡议，提出西部地区油气发展的总体战略，以及六大战略举措和六项政策建议。研究成果为西部地区油气工业未来发展提供了备选方案，对于指导西部地区油气资源开发利用具有重要的理论和现实指导意义，同时为制定我国西部地区油气工业的发展战略决策提供了有益的参考意见和建议。

本书适合政府、能源领域企业和研究机构中的高层管理人员与研究人员，大专院校能源相关专业师生，以及其他对我国油气问题感兴趣的社会公众阅读。

图书在版编目（CIP）数据

西部油气发展战略研究 / 赵文智等编著. —北京：科学出版社，2019.2
（推动能源生产和消费革命战略研究系列丛书 / 谢克昌主编. 第二辑）
"十三五"国家重点出版物出版规划项目·重大出版工程规划
中国工程院重大咨询项目成果文库
ISBN 978-7-03-060407-1

Ⅰ.①西… Ⅱ.①赵… Ⅲ.①油气资源-能源发展-研究-西北地区②油气资源-能源发展-研究-西南地区 Ⅳ.①F426.22

中国版本图书馆 CIP 数据核字（2019）第 008910 号

责任编辑：王丹妮 / 责任校对：张怡君
责任印制：霍　兵 / 封面设计：正典设计

科学出版社 出版
北京东黄城根北街 16 号
邮政编码：100717
http://www.sciencep.com
北京画中画印刷有限公司 印刷
科学出版社发行　各地新华书店经销

*

2019 年 2 月第 一 版　开本：720×1000　1/16
2019 年 2 月第一次印刷　印张：8 3/4
字数：180 000

定价：98.00 元
（如有印装质量问题，我社负责调换）

推动能源生产和消费革命战略研究系列丛书（第二辑）
编委会成员名单

项目顾问

徐匡迪	中国工程院	第十届全国政协副主席、中国工程院主席团名誉主席、原院长、院士
周　济	中国工程院	中国工程院主席团名誉主席、原院长、院士

项目负责人

谢克昌	中国工程院	原副院长、院士
彭苏萍	中国工程院	院士

课题负责人

第1课题	中国农村能源革命与分布式低碳能源发展	杜祥琬
第2课题	农村能源技术领域的若干重大问题分析	倪维斗
第3课题	农村能源供给绿色化及用能清洁化与便利化	陈　勇
第4课题	西部地区油气发展战略研究	赵文智
第5课题	西部煤炭资源清洁高效利用发展战略研究	彭苏萍
第6课题	西部清洁能源发展战略	黄其励、倪维斗
第7课题	"一带一路"能源合作与西部能源大通道建设	黄维和
第8课题	中国农村、西部与"一带一路"能源生产与消费知识系统建设	谢克昌
综合课题	农村能源革命和西部能源发展战略思路与举措	谢克昌

课题组成员名单

组长

赵文智　　中国石油勘探开发研究院　　　　中国工程院院士

副组长

袁晴棠　　中国石油化工集团公司　　　　　中国工程院院士
李　阳　　中国石油化工股份有限公司　　　中国工程院院士

成员

胡永乐　　中国石油勘探开发研究院　　　　教授
张国生　　中国石油勘探开发研究院　　　　高工
李　欣　　中国石油勘探开发研究院　　　　高工
梁　坤　　中国石油勘探开发研究院　　　　高工
黄金亮　　中国石油勘探开发研究院　　　　高工
唐　玮　　中国石油勘探开发研究院　　　　高工
冯金德　　中国石油勘探开发研究院　　　　高工
唐红君　　中国石油勘探开发研究院　　　　高工
孟宪玲　　中国石化经济技术研究院　　　　高工
王庆申　　中国石化经济技术研究院　　　　高工
李婧婧　　中国石化石油勘探开发研究院　　高工
田　磊　　国家发展和改革委员会能源研究所　助理研究员
杨　晶　　国家发展和改革委员会能源研究所　助理研究员
李建忠　　中国石油勘探开发研究院　　　　教授
杨　涛　　中国石油勘探开发研究院　　　　教授
窦宏恩　　中国石油勘探开发研究院　　　　高工
王　毅　　中国石化石油勘探开发研究院　　教授
孙建芳　　中国石化石油勘探开发研究院　　教授
安　福　　中国石化经济技术研究院　　　　教授
张有生　　国家发展和改革委员会能源研究所　研究员
刘小丽　　国家发展和改革委员会能源研究所　研究员
刘　斌　　中国石化集团公司科技部　　　　高工

薛兆杰　中国石化油田勘探开发事业部　　　　高工
杨伟利　中国石化石油勘探开发研究院　　　　高工
陈光梅　中国石化石油勘探开发研究院　　　　高工
王晓明　中国石化经济技术研究院　　　　　　高工
刘　峰　中国石油规划总院　　　　　　　　　高工
郑　民　中国石油勘探开发研究院　　　　　　高工
武　娜　中国石油勘探开发研究院　　　　　　高工
李　洋　中国石油勘探开发研究院　　　　　　高工
唐　琪　中国石油勘探开发研究院　　　　　　工程师
苏　健　中国石油勘探开发研究院　　　　　　工程师
关春晓　中国石油勘探开发研究院　　　　　　工程师
刘丽芳　中国石油勘探开发研究院　　　　　　工程师

序 一

　　能源是国家经济社会发展的重要基础，事关我国现代化建设的全局。2014年以来习近平总书记关于推动能源生产与消费革命的一系列指示和要求，为我国能源发展指明了方向。农村是我国全面建成小康社会任务最艰巨最繁重的地区，农村能源革命直接关系全国能源生产与消费革命的成败，西部地区在我国经济社会发展和能源生产与消费方面处于特殊地位，本身也面临不少突出的矛盾和问题，推动西部地区和农村地区的能源生产与消费革命具有重要意义。

　　为积极推进我国农村和西部地区能源生产与消费革命，中国工程院在2013年启动、2015年完成"推动能源生产和消费革命战略研究"（一期）重大咨询项目后，及时将农村能源革命与西部能源发展作为第二期重大项目开展后续研究。研究工作紧紧立足我国农村地区和西部地区的发展实际，全面贯彻近几年来关于农村发展、区域发展、"一带一路"能源合作等一系列最新政策，充分利用先期取得的成果和结论，围绕农村和西部地区能源生产与消费革命，认真分析突出的矛盾和问题，从多个方面开展针对性研究，努力化解特殊矛盾，解决各种具体问题，基本形成农村地区和西部地区推进能源生产与消费革命的总体思路，提出一系列重大举措。本丛书是第二期项目研究的最终成果，对指导农村地区和西部地区能源生产与消费革命具有积极意义，可供有关领导和部门参考。

　　参与第二期项目的各位院士和专家，有不少参与过第一期项目，也有许多是第二期项目研究过程中才加入的，大家高度负责、发挥优势、精诚协作，为完成项目研究任务做出了积极的贡献。

　　推动能源生产与消费革命任重道远。党的十九大明确开启全面建设社会主义现代化国家新征程，提出我国经济已由高速增长阶段转向高质量发展阶段，这为推动能源生产与消费革命提出了新的要求。中国工程院作为国家高端智库，将在第一期和第二期研究工作的基础上，进一步结合新的形势和要求继续开展相关研究，力争为党中央和政府部门进行科学决策提供强有力的支撑。

2018年11月17日

序   二

　　能源是经济社会发展的动力来源，更是人类社会赖以生存的物质基础。当今世界，自18世纪西方的工业革命以来，化石能源一直是人类的主体能源。化石能源的大量使用，带来生态、环境和气候等领域的一系列问题，主动应对挑战，加快能源转型，实现清洁低碳发展已成为世界范围内的自觉行为和基本共识。面对由页岩油气引发的能源供需格局新变化、国际能源发展新趋势，我国必须加快推进能源生产和消费革命，保障国家能源安全。

　　新时代提出新要求，实施"一带一路"建设、京津冀协同发展战略、长江经济带发展战略，推进新型城镇化，实施乡村振兴战略，建设美丽中国、美丽乡村，为推进能源革命构筑广阔舞台。其中，能源合作是"一带一路"建设的重要支点，而西部地区又是我国能源国际合作的重要战略通道承载地和桥头堡。在确保经济有效和安全的能源转型过程中，不仅在国家之间，而且在富裕和贫困地区之间都应坚持公平和可持续发展的原则，我国要"全面建成小康社会最艰巨最繁重的任务在农村，特别是在贫困地区"[①]。而农村能源作为我国能源的重要组成部分，是实现农村全面小康的物质基础，推进农村能源革命，实现能源供应清洁化、便利化是建设美丽乡村的必然要求，农村能源革命的成败也直接关系到全国能源革命的成败。

　　为更好地服务"一带一路"建设和推进能源革命战略，必须结合我国能源开发利用总体战略布局，立足我国西部能源资源丰富、种类齐全但开发利用不合理、环境脆弱、经济落后，特别是农村能源结构不合理、消费不科学、人均用量少的实际，以习近平总书记对能源生产和消费革命的系统阐述为基本遵循，以推动农村能源革命和加速西部能源科学开发利用为重点，开展战略咨询研究，这既是破除城乡二元体制全面加速我国城镇化建设的必然要求，也是全面建成小康社会的战略需求。

　　作为中国工程科学技术界的最高荣誉性、咨询性学术机构，中国工程院为及时通过战略研究支撑国家科学决策，于2013年5月启动了由谢克昌院士负责的"推动能源生产和消费革命战略研究"重大咨询项目系列研究。一期研究提出能源革

[①] http://sc.people.com.cn/n2/2016/0118/c365889-27568771.html。

命的战略思路、目标重点、技术路线图和政策建议。基于一期研究中发现的能源革命深层次问题，项目组认为要加强"一带一路"能源合作和农村能源革命的研究。因此，中国工程院于 2015 年 10 月又启动了"推动能源生产和消费革命战略研究"项目的二期工作。二期项目由中国工程院徐匡迪主席和时任院长周济院士担任顾问，下设九个课题，分别由能源领域相关专业的院士担任课题组长。来自科研院所、高等院校和大型能源企业共计 300 多名专家、学者参与研究及相关工作，其中院士 36 位。项目组力求通过该项目的研究，以"农村能源革命与西部能源发展"为研究重点，紧紧把握能源生产和消费革命及"一带一路"倡议的重要战略机遇，结合我国能源开发利用总体战略布局，进一步完善国家农村及西部能源战略，为中长期国家西部及农村能源发展规划提供切实可行的政策建议。项目研究按照"服务决策、适度超前"的原则，坚持咨询研究的战略性、时效性、可行性、独立性，历时两年半，经过广泛的专家讨论、现场调研、深入分析、成果交流和征求意见，最终形成一份项目综合报告和七份课题报告并出版成册。

《农村能源革命与西部能源发展战略研究（综合卷）》由中国工程院谢克昌院士领衔，在对八个课题报告进行深入总结、集中凝练和系统提高的基础上，提出新形势下要按照"供需协调、洁煤治霾，扬电引气、优化结构，创新驱动、多能互补，服务支撑、绿色高效，市场运作、政策保障"的总体原则进行农村能源革命。通过控制散煤利用推进农村煤炭消费方式变革、创新发展模式推进农村可再生能源开发利用、构建能源网络推进农村能源向清洁电力和燃气发展、强化节能环保推进农村能源综合服务体系建设，实现我国农村能源革命战略目标：2020 年，基本建成适应农村全面小康社会需要的清洁、便利、安全、有效的能源供需体系；2035 年，初步建成清洁、低碳、安全、高效的新型农村能源体系；2050 年，建成城乡一体化、城乡平等的清洁、低碳、安全、高效的能源体系，实现能源强国的目标。关于我国西部能源和"一带一路"能源合作要遵循"生态优先、清洁高效、科学有序、常非并重、互利共赢"的原则，提出"三步走"发展战略目标，最终实现煤炭清洁高效可持续开发利用、石油稳定发展、天然气倍增发展、清洁能源科学有序发展，将西部地区建成我国重要的煤炭、清洁能源、油气能源基地，同时，西部能源大通道要成为我国东、西部地区能源供需和"一带一路"能源合作的重要纽带，助力西部地区成为我国能源安全的重要保障。

《中国农村能源革命与分布式低碳能源发展战略研究》由杜祥琬院士牵头，主要总结发达国家农村能源发展的经验和教训，深度调研我国农村能源利用的现状、存在的问题，研究我国农村能源发展的方向、分布式低碳能源发展前景等。紧密结合我国新型城镇化和农业现代化建设的要求，提出我国农村能源革命和建设分布式低碳能源网络的政策、措施和建议。

《农村能源技术领域的若干重大问题分析》由倪维斗院士牵头，主要调查我国农村能源技术发展现状、潜力，分析农村能源革命的关键技术及产业化、规模化应用的技术路线图，提出我国农村能源发展应以可持续发展为理念。以解决"三农"问题和实现城乡一体化发展为导向，实施"农村低碳能源替代工程"。尽快全面深化政策、金融等方面的体制、机制改革，从建筑节能、生物质能源利用和多能协同利用等多个方面着手，力争早日构建因地制宜、多能互补的创新型农村能源技术体系。

《农村能源供给绿色化及用能清洁化与便利化》由陈勇院士牵头，结合我国新农村建设和新型城镇化发展，分析我国农村能源供给侧发展现状和终端用能消费现状，预测未来供给能力和消费需求，分析供给绿色化的可行性，明确农村能源未来的发展方向和目标，并提出进一步深入讨论其经济效益、管理模式、关键技术及产业化，为我国农村能源供给利用方法提供宏观决策建议。

《西部油气发展战略研究》由赵文智院士牵头，主要分析我国西部油气资源储量和开发利用现状，从西部地区剩余油气资源潜力与重点勘探方向、西部地区油气开发利用趋势与技术创新支撑体系、新疆成为国家大型油气生产加工与储备基地的可行性、西部地区油气发展战略与路线图四个方面全面分析西部地区油气资源潜力、勘探发现规律与储量增长趋势、开发利用前景。论证西部（新疆）建设国家大型油气基地以及新疆成为国家大型油气生产加工与储备基地的可行性，提出我国西部能源油气资源发展战略及其相应政策建议。

《西部煤炭资源清洁高效利用发展战略研究》由彭苏萍院士牵头，主要研究我国西部内蒙古、陕西、甘肃、宁夏、新疆五省区煤炭清洁高效利用的战略问题，调查我国西部煤炭资源储量和开发利用现状，论证西部（新疆）建设国家煤炭-煤电-煤化工基地的可行性。总结提出西部煤炭资源清洁高效利用的战略思路和发展目标、重点任务与实施路径及措施建议。

《西部清洁能源发展战略研究》由黄其励院士和倪维斗院士牵头，主要研究新疆、青海、西藏、内蒙古和云南等西部地区的风能、太阳能（光伏、光热）、水能、地热能、生物质能等清洁能源储量和开发利用现状。在全面建成小康社会和推进"一带一路"建设背景下，分析国家对西部能源基地的战略需求，总结提出西部清洁能源发展的战略思路和关键技术需求。同时，分析未来 10 年将新疆、青海、甘肃等地建设成为国家重要风能和太阳能发电基地，将西藏、四川和云南等地建设成为国家重要水能发电能源基地，以及将西部地区建设成分布式利用清洁能源示范地区的可行性。

《"一带一路"能源合作与西部能源大通道建设战略研究》由黄维和院士牵头，主要研究"一带一路"能源合作基础、风险和存在的问题，提出"一带一路"未来能源合作战略；研判我国东、西部能源未来供需规模和流向，以及我国未来西部到东部能源流向总体规模。结合西部能源通道现状和存在问题分析我国油气、煤炭和电力等能源不同运输方式的经济性，首次提出我国西部综合能源大通道构建战略旨在实现"横向多能互补，纵向优化配置"的能源互联网架构。最后提出我国未来"一带一路"能源合作与西部能源大通道构建的政策建议。

　　"推动能源生产和消费革命战略研究系列丛书（第二辑）"是我国能源领域广大院士和专家集体智慧的结晶。一些重要研究成果已经及时上报中央和国家有关部门，并在能源规划政策中被采纳。作为项目负责人，值此丛书出版之际，对参加研究的各位院士和专家的辛勤付出深表谢意！需要说明的是，推动能源生产和消费革命是一项长期战略，目前项目组新老成员已在第一期和第二期研究成果的基础上启动第三期项目研究。希望项目研究团队继续努力，再接再厉，乘胜而为，在"推动能源生产和消费革命战略研究"（三期）中取得新业绩，以科学的咨询支撑国家能源发展的科学决策，助力我国能源经济社会的可持续发展。

中国工程院
"推动能源生产和消费革命战略研究"
系列重大咨询项目负责人

2018 年 11 月

前　言

一、课题研究背景与意义

随着世界经济发展、社会对能源需求的持续增长、国际油价的高位运行和低碳社会的到来，从传统化石能源走向新能源和可再生能源成为必然趋势。世界一次能源在未来相当长时期内，将进入石油、天然气、煤炭、新能源"四分天下"的发展时代。近年来，美国"页岩油气革命"使其石油、天然气产量"双双"止跌回升，并不断创出历史新高，助推了美国"能源独立"战略实施和世界能源格局重大调整。

21世纪，伴随国民经济的持续快速增长，我国一次能源消费量以年均9%的速度高速增长，并在2009年开始超过美国，成为世界第一大能源消费国。2017年我国一次能源消费量高达31.32亿吨油当量，约占世界一次能源消费总量的23.2%。同时，我国能源消费结构长期以煤炭为主，已产生严重生态环境问题，不仅雾霾天气频繁出现，而且二氧化碳排放量高居全球首位。

2012年11月十八大报告首次提出"推进能源生产和消费革命"[1]。中国工程院及时贯彻十八大精神，于2013年5月20日正式启动重大咨询项目"推动能源生产和消费革命战略研究"，时任全国政协副主席徐匡迪、中国工程院院长周济及副院长潘云鹤和王玉普及国家能源局局长吴新雄担任顾问，谢克昌院士为项目负责人。通过近两年时间的研究，项目明确了"两个革命"要解决的重大问题和思路，落实了"两个革命"的9大举措。2014年6月，习近平总书记在中央财经领导小组第六次会议上提出面对能源供需格局新变化，国际能源发展新趋势，保障国家能源安全，必须推动能源生产和消费革命[2]。农村能源作为我国能源体系的重要组成部分，其成功与否直接关系到全国能源革命的成败。2015年3月，经国务院授权发布的《推动共建丝绸之路经济带和21世纪海上丝绸之路的愿景与行动》标志着"一带一路"从构想、宣传推动到具体实施阶段已成为国家重大发展政策，

---

[1] http://bbs1.people.com.cn/post/2/1/2/164995138.html。

[2] http://www.nea.gov.cn/2014-06/17/c_133413362.htm。

其中能源合作是"一带一路"倡议的重要支点。2015 年 10 月，中国工程院启动了"推动能源生产和消费革命战略研究"项目的二期工作，重点开展农村能源革命和西部能源发展研究工作。项目由时任全国政协副主席徐匡迪、中国工程院院长周济担任顾问，谢克昌院士、彭苏萍院士为项目负责人，设立 8 个课题和 1 个综合课题。本书为"推动能源生产和消费革命战略研究"（二期）项目的研究成果，主要研究内容是西部地区油气发展战略。

根据项目统一部署，"西部地区油气发展战略研究"课题的主要研究任务是：通过全面分析西部地区油气资源潜力、勘探发现规律与储量增长趋势、开发利用前景，以及新疆成为国家大型油气生产加工与储备基地的可行性，结合国家"一带一路"倡议，研究提出西部地区油气发展的战略思路、战略路径、关键技术需求，以及推动西部地区油气资源科学开发利用的措施建议。

二、课题组织实施

为圆满完成本次战略咨询研究任务，赵文智院士、袁晴棠院士、李阳院士亲自组织成立课题组，设立课题办公室，负责课题具体组织实施。由来自中石油、中石化、国家发展和改革委员会能源研究所等相关单位研究机构 60 余位专家作为课题组成员参加本次课题研究。

课题设置 1 个综合组、5 个专题组，按照"总-分-综"的原则组织实施，即首先由综合组根据项目总要求厘定课题研究目标、研究重点与研究内容，并制订课题研究总体方案；其次由各专题组在统一研究思路、统一研究方法、统一研究方案的基础上，分头进行专题研究；最后由综合组根据各专题研究成果，综合凝练提升形成课题研究成果报告。同时，成立课题顾问组与实施组，顾问组负责课题研究方向与内容宏观指导，实施组负责课题组织与具体研究。

课题研究总体思路是：立足我国油气发展的新形势、新变化和新趋势，结合前期战略研究成果，着重做好四方面研究：①西部地区剩余油气资源潜力与重点勘探方向；②西部地区油气开发利用趋势与技术创新支撑体系；③新疆成为国家大型油气生产加工与储备基地的可行性；④西部地区油气发展战略与路线图。采用基础研究与典型解剖、实地调研与专题研讨相结合的研究方法，选用趋势分析、模型预测、刻度类比的储产量预测技术及 SWOT（strengths，优势；weaknesses，劣势；opportunities，机会；threats，威胁）分析技术，从资源潜力与开发潜力评价入手，客观研判西部地区油气储产量发展趋势，准确把握支撑油气生产的技术创新方向，深入论证新疆成为国家大型油气生产加工与储备基地的可行性，科学提出西部地区油气发展战略、路线图及措施建议。

课题研究总体要求是：做到"四个突出"，确保研究成果的科学性、时效性与可行性。一是突出战略性。研究目标立足于满足国家重大需求,努力提出可供国家相关部门参考和利用的战略建议。二是突出前瞻性。立足西部地区油气发展形势,提出未来油气勘探开发潜力和趋势,为政策的制定提供超前预判。三是突出系统性。在全面收集相关数据、信息和发展现状的基础上,努力建立完整的基础数据库、知识系统,重视技术、资源潜力评价,为决策提供可靠依据。四是突出综合性。既要重视发展西部地区油气的必要条件研究(包括资源总量、资源品质、水资源条件、环境保护、管线布局与市场等),又要对充分条件进行深入的研究(包括法律法规、政策措施等),努力形成操作性强又可持续的政策、措施和建议。

三、取得的主要研究成果

课题研究共形成了四点基本认识、一项总体战略、六项战略举措和六项政策建议。

(一)四点基本认识

1. 西部地区油气资源约占全国一半,油气储产量处于快速增长期,在我国油气生产中的战略接替地位日益凸显

西部地区常规与非常规油气资源丰富,资源总量占全国一半左右。常规石油与致密油地质资源量为516亿吨,占全国总量的41%;常规气与致密气地质资源量54万亿立方米,占全国总量的55%;页岩气与煤层气地质资源量为90万亿立方米,占全国总量的82%。西部地区油气资源探明率低,剩余资源潜力大。石油和天然气资源探明率分别为27%、30%,剩余资源量分别为363亿吨和37.8万亿立方米,分别占全国总量的44%、46%;鄂尔多斯、塔里木、准噶尔、柴达木盆地石油剩余资源量均超过30亿吨,塔里木、四川、鄂尔多斯盆地天然气剩余资源量均超8万亿立方米。

近期我国油气发现以西部地区为主,新增储量占比不断增加。"十一五""十二五"期间石油探明储量分别年增5.1亿吨、7.5亿吨,分别占全国储量的46%、62%;天然气探明储量分别年增4818亿立方米、6012亿立方米,分别占全国储量的86%、84%。伴随探明储量的快速增长,西部地区油气产量也不断增长,接替地位愈加明显。石油产量由2001年的3182万吨增长至2017年的6506万吨,占全国比例由19%增加到34%;天然气产量由2001年的187亿立方米增长至2017年的1213亿立方米,占全国比例由62%增加至84%。预测表明,2030年新增探明储量将占全国七成左右,西部地区在我国油气生产中的战略接替地

位日趋重要。

2. 西部地区油藏类型多样，依靠新技术大幅提高采收率，石油产量有望占陆上总产量的"半壁江山"

西部地区油藏类型多样。2007~2017 年新增石油探明储量中低渗-致密油储量占 66%，稠油占 8%，碳酸盐岩占 18%；2017 年西部地区石油产量中的低品位或复杂油藏产量达到 5 476 万吨，占西部地区总产量的 86%。西部地区复杂油藏采收率偏低，其中，低渗透砂岩油藏采收率 19.2%、碳酸盐岩油藏采收率 15%、致密油藏采收率仅为 8%，远低于全国已开发油田采收率 29.4% 的平均水平；西部地区复杂油藏产量递减率大，近年投入开发的低渗透油藏初期递减率为 30% 左右，致密油、碳酸盐岩油藏、超稠油油藏递减率一般在 35%~40%，10 年后产量不到投产时的 10%。

按照目前常规油藏提高采收率技术发展，水驱油藏、稠油油藏通过二三结合开发，采收率可分别提高 15.8%、24.6%，预计至 2050 年已开油田可增加可采储量 5 亿吨，探明未开发和新增探明储量可新增动用可采储量 17.2 亿吨左右；考虑技术进步，致密油、碳酸盐岩油藏、超稠油油藏预计还可增加可采储量 7.5 亿吨左右。此外，智能水驱及渗吸采油技术、超稠油原位改质技术、页岩油原位开采技术、注气提高采收率技术、纳米驱油技术等新型提高采收率技术如果能够取得重大突破，可采储量还有望新增 5 亿吨左右。根据储采平衡原则的综合预测，2035年西部地区石油产量有望升至 8 000 万吨，占全国陆上石油总产量的"半壁江山"，并有望稳产至 2050 年前后。

3. 西部地区天然气潜力巨大，坚持常非并举、深浅并重，天然气产量有望"倍增发展"

西部地区天然气未开采与待发现资源十分丰富，未来发展潜力大。天然气剩余探明可采储量年均增长 2 000 亿立方米，储采比保持在 40 以上，常规气与非常规气待发现资源量合计 134 万亿立方米。非常规和深层气产量占比快速上升，其地位越来越重要。致密气、煤层气、页岩气等非常规气开发相继突破，产量年均增长 21%，占西部总产量比例由 2000 年的 16% 增长至 2015 年的 37%；克深大气田、元坝大气田、安岳大气田等深层大气田的发现和开发，使产量年均增长 25%，占西部总产量比例由 2000 年的 8% 增至 2015 年的 29%。

持续加强常规气与致密气新区建产，夯实发展基础。常规气新增探明地质储量 9.3 万亿立方米，预计可建 1 300 亿~1 670 亿米³/年生产能力；致密气新增探明地质储量 4.6 万亿立方米，预计可建 280 亿~370 亿米³/年生产能力。积极发展页岩气与煤层气，推进产量持续快速增长。页岩气预计可新增探明可采储量 1.81 万亿立方米，具备建设 500 亿米³/年左右生产能力。煤层气未来预计新增探明可采储量 1.9 万亿立方米，可建 300 亿~400 亿米³/年生产能力。

通过常非并举、深浅并重，常规气稳定增长，2030 年达到 1 070 亿立方米高峰产量，非常规气产量快速上升，2030 年达到 1 080 亿立方米，占比超过 50%，预计 2030 年西部地区天然气产量升至 2 150 亿立方米，实现倍增发展。2035 年、2040 年和 2050 年产量分别达到 2 210 亿立方米、2 330 亿立方米和 2 210 亿立方米。

4. 统筹两种资源、两个市场，立足现有基地优化和产品升级，新疆有望建成独具特色的油气加工基地

新疆地区已建成了独山子、克拉玛依、乌鲁木齐、塔河石化等规模油气加工产业基地，原油加工能力约 3 000 万吨/年，产业链较为完整，产品有一定特色，并已形成了 600 亿米³/年的天然气、1 200 万吨/年的原油管道入境输送能力和 770 亿米³/年的天然气、2 000 万吨/年的原油管道出疆东输能力，西油东送、西气东输能源战略大通道已基本形成。由于新疆地区自身消化能力不足，油品和石化产品供应远大于区域需求，2015 年成品油管道出疆 651 万吨，占成品油产量的 45%。同时，毗邻的中亚-俄罗斯、西亚成品油及主要化工产品供需均呈现过剩态势。新疆地区可发挥区位优势，构建具有核心竞争力的特色油气加工和储备基地，构建天然气储备基地与西部能源大通道调节枢纽，打造中亚腹地能源"深水港"，实现"一带一路"能源枢纽核心作用。

（二）一项总体战略

1. 总体战略

契合国家"一带一路"倡议，充分利用两种资源、两个市场，灵活运用市场机制和政策引导，强化科技创新引领，坚持油气并重、常非并举，巩固发展鄂尔多斯盆地、新疆地区两大石油生产基地，加快建设鄂尔多斯、四川、塔里木三大盆地天然气生产基地，实现石油产量稳定增长、天然气产量倍增发展；新疆地区立足现有油气加工基地，优化产业规模和产品结构，构建特色油气加工基地，为我国石油和化学工业持续健康发展提供重要支撑。

2. 发展目标

石油稳定增长、天然气倍增发展：西部地区 2030 年前年均新增石油探明储量 6 亿~7 亿吨，石油年产量达到 7 500 万吨以上，占全国陆上石油总产量的"半壁江山"，2035 年石油产量达到 8 000 万吨，并稳产至 2050 年。西部地区 2030 年前年均新增天然气探明储量 7 000 亿立方米,天然气年产量 2 130 亿立方米,实现倍增发展;2035 年、2040 年和 2050 年天然气产量分别达到 2 210 亿立方米、2 330 亿立方米和 2 210 亿立方米。

建成新疆特色石油炼化基地。统筹两种资源、两个市场,依托现有石化园区和产业基础,2035 年前新疆地区原油加工能力达到 4 000 万吨/年,形成两个百万吨特色炼化基地,建成面向中亚的特色化工产业高地和炼化一体化产业集群。

打造鄂尔多斯国家天然气供应战略调节枢纽。统筹陕京线和西气东输天然气供应规模和天然气市场需求,充分发挥鄂尔多斯盆地天然气资源优势、生产规模优势和区位优势,根据日常稳产、应急上产原则,研究确定鄂尔多斯天然气产量规模,设定资源战略储备区,做好资源动用方案和应急响应机制,打造资源储备充足、应急响应迅速的国家天然气供应战略调节枢纽。

(三)六项战略举措

为推动西部地区油气生产基地与新疆地区油气加工基地建设,必须加快实施以下六方面的战略举措。

一是准备战略接替,创新开发模式,推动石油稳步发展。石油勘探立足鄂尔多斯、准噶尔、塔里木和柴达木四大盆地,加强预探和风险勘探,夯实资源基础。石油开发以鄂尔多斯盆地和新疆地区为重点,创新体制机制和管理方式,配套国家政策,提高老油田采收率,增加低品位储量和致密油的动用程度。加大成熟技术的推广应用,以及新技术的攻关和配套,大幅度增加可采储量,实现石油产量稳步发展。

二是新老并重、常非并举,推动天然气产量倍增发展。天然气勘探立足四川、鄂尔多斯、塔里木三大盆地,常规气、页岩气和煤层气三种类型天然气实现规模增储。天然气开发坚持常非并举,努力减缓常规已开发气田产量递减、延长稳产期,强化常规新气田投资成本控制和效益开发;加大页岩气、煤层气等非常规资源开发力度,非常规气产量稳步上升。多措并举,实现天然气产量倍增发展。

三是实施"三个一批"工程,为增储上产提供科技支撑。面对未来油气勘探开发需求,聚焦超深层油气成藏理论与有效开发、已开发油田提高采收率和非常规油气规模有效开发三大领域,细化技术需求和发展基础,根据应用推广一批、示范实验一批和集中攻关一批"三个一批"42 项技术,为西部地区油气发展提供坚实的技术保障。

四是创新生产方式,实现绿色高效开发。创新平台丛式井钻井方式,通过集约化有效节约土地资源;推广"工厂化"作业模式,极大提高作业效率,有效降低工程成本;运用标准化设计,实现地面发展方式转变;强化数字化建设,提升油气田开发效益和水平;立足创新式驱动,支撑地面低碳、绿色发展。

五是推动管理体制改革，为油气发展提供制度保障。以矿业权改革为核心，逐步放开上游市场，引入更多市场主体，提高国内油气资源的勘探开发和供应能力。以反映资源稀缺性和体现代际补偿为目标优化以资源税为核心的资源类税费体系，以体现生态价值为目标构建环境税体系，以体现生态价值为核心目标调整消费税，以体现行业特点、促进油气资源合理开发为目标差别化调整所得税、增值税等。

六是优化装置和产品结构，建设特色炼化加工基地和油气技术装备支持中心。立足新疆地区资源优势、区位优势和产业基础优势，实施新疆地区6 000万吨油气当量上产工程，扩大油气生产基地规模；优化产能规模、调整产品结构，建设两个百万吨及特色炼化基地，延伸产业链；建设一体化产业集群，形成新疆特色炼化基地；依托长期形成的勘探开发、石油化工、油气服务、机械制造体系，打造"丝绸之路经济带"油气技术装备支持中心。

（四）六项政策建议

1. 强化体制革命，增强发展活力

一是深化新疆矿业权改革试点。以新疆勘查开采试点为契机，深化完善探矿权竞争性出让制度、出让办法。建立勘探区块强制退出机制，逐步降低上游勘探开发准入门槛，培育石油勘探开发多元化市场主体。二是建设资源储量交易平台，盘活存量资源。鼓励建设西部地区油气交易平台，建立油气资源和储量的矿业权评估机制，充分发挥市场优化资源配置作用。以探明未动用储量为切入点，推动难动用储量上市交易。三是超前谋划财税体系和监督等制度建设。完善石油税收制度，强化市场化推进过程中的各项监管，确定监管部门及其职责与分工；建立监管工作规程、方法和工作体系；健全监管队伍；建立监管信息平台和信息公开、公告制度，加强环境和油气基础设施公平接入等方面的监督。

2. 设立风险勘探基金，推动战略接替

一是设立30亿~50亿元油气风险勘探基金，勘探目标由石油公司提出与实施，政府通过购买服务方式委托石油公司实施风险目标钻探，通过市场招标方式有偿出让矿业权，所得收益优先补充风险勘探基金，形成长效机制。二是加大新区地球物理勘探，将新区新盆地前期地震勘探工作纳入《找矿突破战略行动纲要（2011—2020年）》，由国家出资、自然资源部负责组织实施，推动新区突破。

3. 实行差别化财税政策，增强发展后劲

一是建立资源耗竭补偿制度。国家从资源类税费中按比例提取资金，组建资

源耗竭补偿基金，主要用于解决资源型城市持续发展问题，在解决历史遗留问题的同时，推动企业转型和代际补偿。二是对低品位资源实施差别化财税政策。制定低效-无效、超低产井开发和非常规油气勘探开采扶持政策，促进特高含水老油田提高采收率和低品位资源效益开发。尽快制定石油尾矿标准，给予尾矿开发一定的扶持政策，实现资源充分利用。三是合理调整西部地区油气企业税赋。统筹考虑地方利益诉求和企业发展实际，对西部油气企业在企业所得税、增值税等方面加大优惠力度。同时为留住人才，建议给予西部油气企业员工个人所得税相应的优惠。

4. 推进技术革命，支撑跨越发展

一是实施五大科技创新战略。瞄准新疆地区、非常规石油、海域深水三大战略接替领域与低品位资源开发，实施深层、非常规、提高采收率、低成本开发和油气资源绿色开采战略。二是实施"三个一批"重点技术研发和推广应用工程。确定近期推广、集中攻关、超前储备"三个一批"重点技术，国家针对有重大应用前景的技术给予重点扶持。三是设立油气勘探开发科技专项。实施"页岩油地下炼厂"、天山南北天然气勘探开发、鄂尔多斯特低渗-致密油气高效开发三大科技专项。

5. 深化国有企业改革，提升管理运营效率

一是深化国有企业改革。完善管理体制和运营机制，稳步推进国有企业改革，建立完善的监管制度，保障市场化背景下公平竞争，防止国有资产流失。二是构建竞争性市场主体。培育形成完全市场化的油气技术服务、工程建设、装备制造竞争体系，完善甲乙方市场。

6. 给予新疆地区维稳政策倾斜

一是通过税费政策倾斜，给予防恐维稳专项资金支持。建议针对油田公司维稳资金在税前扣减，并在探矿权或采矿权区块年检时将维稳经费作为有效投入计入勘探投资。二是适度提高疆内员工福利待遇。建议针对驻疆央企，设定特殊地区维稳安保补贴，调整地区补贴标准，建立新疆工作年限津贴等。

目　　录

第一章　西部地区油气发展面临的机遇与挑战

本书所称的"西部"，是指广义的西部地区，包括陕西、四川、云南、贵州、广西、甘肃、青海、宁夏、西藏、新疆、内蒙古、重庆等 12 个省、自治区和直辖市。西部地区土地面积为 681 万平方千米，占全国总面积的 71%；人口约 3.5 亿人，占全国总人口的 25%。由于松辽、鄂尔多斯两大盆地横跨东部和西部两大地理区域，本书将鄂尔多斯盆地整体划入西部地区，松辽盆地整体划入东部地区。

一、西部地区油气资源分布特点

（一）西部地区油气资源丰富，分布相对集中

西部地区沉积盆地数量众多，含油气盆地占比约 1/5。西部地区发育 168 个沉积盆地，总面积 290.5 万平方千米，占西部地区土地面积的 42.7%。其中，47 个沉积盆地面积大于 1 万平方千米，合计面积 255 万平方千米，占西部地区沉积盆地面积的 88%。截至 2017 年底，西部地区已有 34 个沉积盆地发现油气或见到油气显示，其面积合计 221 万平方千米，占西部地区沉积盆地总面积的 76%。

西部地区油气资源丰富，拥有全国超四成的石油资源和近七成的天然气资源。根据中国石油第四次油气资源评价，西部地区常规石油地质资源量 433 亿吨、可采资源量 90.5 亿吨，致密油地质资源量 83.4 亿吨、可采资源量 7.4 亿吨，常规和非常规石油资源量 516 亿吨、可采资源量 97.9 亿吨，分别占全国总量的 43% 和 34%。西部地区常规气和致密气地质资源量 54.2 万亿立方米、可采资源量 29.5 万亿立方米，页岩气和煤层气地质资源量 90.76 万亿立方米、可采资源量 21 万亿立方米，常规和非常规天然气地质资源量 145 万亿立方米、可采资源量 50.5 万亿立方米，分别占全国总量的 69%、59.6%。

西部地区油气资源集中在五大油盆和四大气盆。根据中国石油第四次油气资源评价结果，鄂尔多斯、准噶尔、塔里木、羌塘和柴达木盆地石油资源量分别为 146.5 亿吨、100 亿吨、75 亿吨、51 亿吨和 38 亿吨，合计 410.5 亿吨，占西部地

区石油资源总量的 80%。四川、鄂尔多斯、塔里木和柴达木盆地天然气资源量分别为 61.68 万亿立方米、30.72 万亿立方米、14.67 万亿立方米、3.48 万亿立方米（表 1-1），合计 110.55 万亿立方米，占西部地区天然气资源总量的 76%。

表 1-1　西部四大盆地天然气地质资源量　　　　单位：万亿立方米

盆地	常规气	致密气	页岩气	煤层气	合计
四川	12.47	3.98	44.63	0.60	61.68
鄂尔多斯	2.36	13.32	7.78	7.26	30.72
塔里木	11.74	1.23	0.40	1.30	14.67
柴达木	3.21	0	0.13	0.14	3.48
合计	29.78	18.53	52.94	9.30	110.55

（二）西部地区含油层系古老，埋深大、资源品位较差

西部地区以叠合盆地为主，含油气层位以中生界和古生界为主。与东部和海域相比，西部地区地质条件更为复杂，发育从古生界到新生界多套含油气层系，整体表现为含油层位多、含油层系古老的特点。油气在漫长的地质历史过程中，经历了多期构造运动、多期成藏调整，油气富集条件复杂，把握油气成藏规律难度大。根据国土资源部 2015 年全国油气资源动态评价成果数据，西部地区石油资源主要分布在中生界和古生界，占比分别达到 57%和 33%，远高于东部地区和海域。其中，塔里木盆地以古老含油层系为主，古生界占比达到 90%（图 1-1）。西部地区天然气资源分布层位以古生界为主，中生界和古生界占比分别达到 35%和58%。其中，鄂尔多斯盆地天然气资源主要集中在古生界（图 1-2）。

西部地区油气资源埋深普遍较大，天然气以深层-超深层为主。根据国土资源部 2015 年全国油气资源动态评价成果，西部地区石油资源以浅层和中深层为主。浅层、中深层、深层-超深层占比分别为 37%、33%和 30%，浅层和中深层合计占比达到 70%。与东部和海域相比，西部地区超深层占比远高于东部和海域（图 1-3）。从重点含油盆地看，鄂尔多斯盆地、准噶尔盆地以浅层和中深层为主，塔里木盆地以深层-超深层为主，深层-超深层石油资源占比达到 92%。西部地区天然气资源以深层-超深层为主。浅层、中深层、深层-超深层占比分别为 9%、34%、56%，天然气深层-超深层占比普遍大于石油（图 1-4）。从重点盆地看，鄂尔多斯盆地天然气资源以中深层为主，占比达到 74%；塔里木盆地以深层-超深层资源为主，占比 87%，四川盆地天然气资源也以深层-超深层为主。

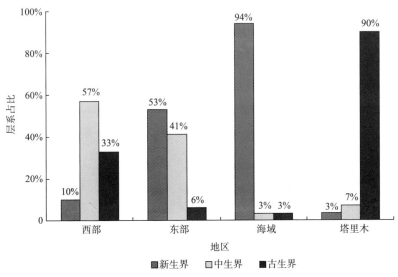

图 1-1　石油资源层位分布

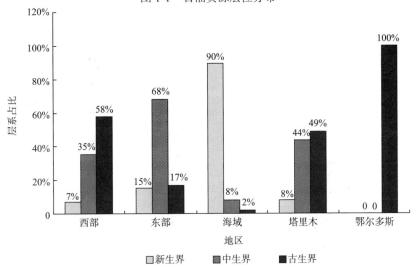

图 1-2　天然气资源层位分布

由于四舍五入，部分数据存在误差

　　西部地区常规油气资源品位总体较差。西部地区常规油气资源主要分布在碎屑岩岩性地层和海相碳酸盐岩两大领域，资源总体呈现低渗、低丰度特征。统计发现截至 2017 年底，全国共探明 82 个探明地质储量超 1 亿吨的大油田，其中东部地区 53 个，西部地区 29 个。统计发现，东部地区大油田中储量丰度超过 300 万吨/km^2、200 万~300 万吨/km^2、100 万~200 万吨/km^2 和小于 100 万吨/km^2 的大油田数量分别为 21 个、9 个、11 个和 12 个，占比分别为 40%、17%、

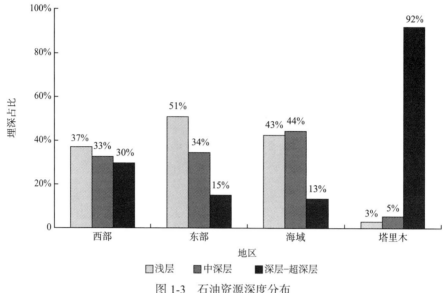

图 1-3　石油资源深度分布

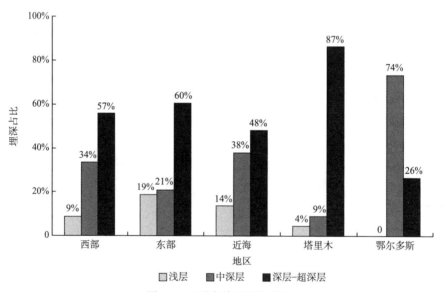

图 1-4　天然气资源深度分布

21%和22%;西部地区上述分类的大油田个数分别为 2 个、1 个、7 个、19 个,占比分别为7%、3.5%、24%、65.5%(图1-5)。其中,鄂尔多斯盆地是我国典型的低渗低丰度资源区,近年新增油气探明储量中特低渗占比超9成,特低丰度占比超过60%。

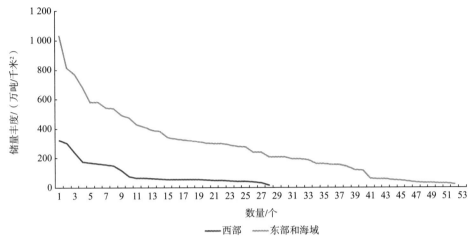

图 1-5　2017 年底全国超亿吨大油田储量丰度分布

（三）西部地区油气类型多样，非常规油气资源占比大

西部地区油气资源类型多样，石油资源主要有常规石油和致密油两种；天然气资源包括常规气、致密气、页岩气和煤层气。不同类型油气资源油气成藏条件、勘探发现规律、开发递减规律、工程技术要求和经济性差别巨大，相同的地质资源量并不能带来相同的发展潜力和前景，因此，本部统一用可采资源量论述。

石油资源以常规石油为主，致密油为辅，常规石油资源是未来勘探开发的重点。西部地区石油可采资源量 97.9 亿吨，其中，常规石油 90.5 亿吨、致密油 7.4亿吨，占比分别为 92%、8%。根据中国石油第四次油气资源评价，西部地区共有 9 个盆地，常规石油可采资源量超过 1.5 亿吨，其中，鄂尔多斯、塔里木、准噶尔、羌塘盆地常规石油可采资源量分别为 21.78 亿吨、19.12 亿吨、17.35 亿吨和 11.21亿吨，均超过 10 亿吨，柴达木盆地常规石油可采资源量 5.54 亿吨，位居第五。致密油可采资源主要分布在鄂尔多斯、四川和准噶尔三大盆地，可采资源量分别为 3.51 亿吨、1.24 亿吨和 1.29 亿吨，均超过 1 亿吨（图 1-6）。

天然气常规和非常规资源均丰富，非常规资源占比大，常规和非常规资源并举是未来发展必然选择。根据中国石油第四次油气资源评价，西部地区天然气可采资源量 50.47 万亿立方米。其中，常规天然气可采资源量 19.63 万亿立方米、致密气可采资源量 9.83 万亿立方米、页岩气可采资源量 11.01 万亿立方米、煤层气可采资源量 10 万亿立方米，常规与非常规资源占比分别为 39%、61%。常规天然气资源主要分布在四川盆地和塔里木盆地，可采资源量分别为 7.39 万亿立方米和 6.62 万亿立方米，均超过 6.5 万亿立方米。致密气资源分布在鄂尔多斯盆地和四川盆地，可采资源量分别为 7.14 万亿立方米和 1.79 万亿立方米（图 1-7）。页岩气

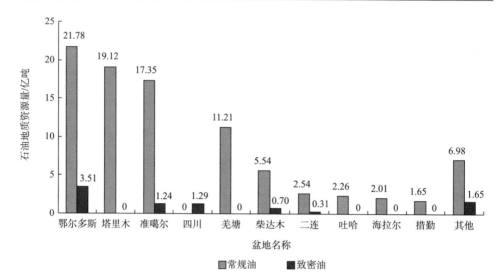

图 1-6　西部地区常规石油和致密油资源盆地分布

资源又可分为海相页岩气、海陆过渡相页岩气和湖相页岩气。西部地区海相、海陆过渡相和湖相页岩气可采资源分别为 7.89 万亿立方米、2.77 万亿立方米和 0.35 万亿立方米，海相页岩气是主体资源。海相页岩气主要分布在四川盆地及周缘、滇黔桂和渝东-湘鄂西地区；海陆过渡相页岩气主要分布在四川盆地三叠系-二叠系和鄂尔多斯盆地石炭系-二叠系。

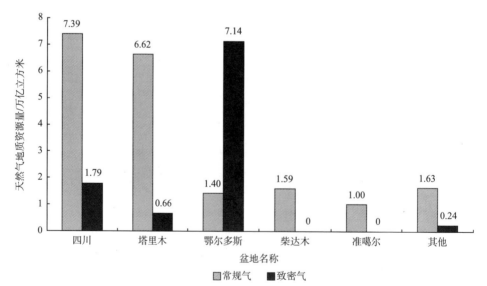

图 1-7　西部地区常规气和致密气资源盆地分布

二、西部地区油气勘探开发历程

西部地区丰富的油气资源、复杂的地表和地下条件、多样的资源类型和较低的资源品位决定了西部地区油气勘探开发并非一帆风顺。回顾油气勘探开发历程，发现西部地区是我国石油工业的摇篮，其发展经历了起步、徘徊、发展和繁荣四个重要阶段（图1-8）。

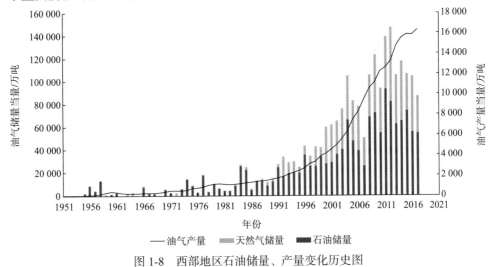

图 1-8　西部地区石油储量、产量变化历史图

（一）起步阶段（20世纪50年代）：巩固玉门、开拓新疆，奠定我国油气工业发展基础

玉门油田是第一个石油工业基地，是我国现代石油工业的摇篮。我国现代石油工业起步于中西部地区，1905年清政府批准创建"延长石油厂"；1907年在鄂尔多斯盆地钻成中国陆上第一口油井延1井，但由于鄂尔多斯盆地属于低渗油藏，产量低，并未形成规模产量。1939年在酒泉盆地发现玉门油田，中华人民共和国成立前累计生产原油52万吨，占全国原油总产量的95%。中华人民共和国成立后，玉门油田作为全国最大的石油生产基地，石油产量由1951年的13.7万吨增长到1958年的100万吨，1959年更是达到140.6万吨（图1-9）。20世纪60年代起，玉门油田担负起"三大四出"（大学校、大试验田、大研究所，出产品、出人才、出经验、出技术）的历史重任，先后向全国各油田输送骨干力量10多万人，支持各类设备4 000多台套，先后参与并支持大庆石油会战、四川石油会战、鄂尔多斯盆地勘探、柴达木盆地勘探和吐哈盆地勘探，被誉为石油工业的摇篮。

准噶尔盆地发现克拉玛依大油田，第二个石油生产基地诞生。1955年，燃料工业部石油管理总局为探明侏罗系地层的含油气情况，以及研究准噶尔盆地西北

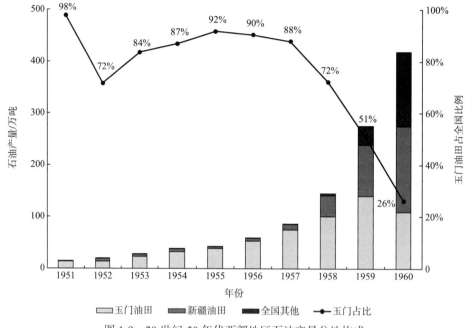

图 1-9　20 世纪 50 年代西部地区石油产量盆地构成

缘的地质构造, 在准噶尔盆地西北缘的油砂山部署黑油山 1 井 (今称克 1 井), 获得工业油流, 发现克拉玛依大油田, 揭开了新疆油田大发展的序幕。1956 年 2 月, 石油工业部在克拉玛依–乌尔禾探区长 130 千米、宽 30 千米的范围内, 部署了 10 条钻井大剖面, 迅速查明了克拉玛依大油田的分布范围, 并发现了百口泉油田和红山嘴油田, 这奠定了新疆油田大发展基础。1958 年新疆油田原油产量 35.7 万吨, 1960 年达到 165.6 万吨 (图 1-9), 超越玉门油田, 成为当时国内最大的油田, 支撑全国石油产量快速增长。

柴达木盆地勘探首战告捷, 发现冷湖油田。1954 年, 燃料工业部石油管理总局成立柴达木盆地石油地质勘探大队, 在 300 多峰骆驼的配合下, 分三批进入柴达木盆地考察, 先后发现 38 个地面构造和 9 处油苗。1956 年 4 月, 青海石油勘探局择优在茫崖、油泉子、油墩子、冷湖 4 号等 13 个构造上进行钻探, 先后在油砂山、油泉子、狮子沟、咸水泉、尖顶山和南翼山构造上获得工业油流。与此同时, 地质部在盆地东部北缘发现了冷湖油田。

四川盆地川中会战受阻, 发现多个小油田。在酒泉盆地、准噶尔盆地、柴达木盆地勘探获得突破的同时, 1958 年 3 月, 四川盆地龙女寺 2 号井、蓬莱 1 号井相继获得高产工业油流。1958 年 4 月召开的四川南充会议揭开了川中石油会战序幕。但由于川中复杂的地下地质条件, 针对裂缝性油藏的认识不清, 川中会战遭遇挫折, 仅发现蓬莱、桂花等 7 个小油田。

总体来看，该阶段石油勘探开发集中在西部地区，并发现了我国第一个亿吨级油田克拉玛依大油田，西部地区累计探明石油地质储量3.08亿吨。同时，巩固发展玉门石油生产基地，开辟新疆和青海两个石油生产基地，推动全国石油产量超过400万吨，奠定了石油工业发展的基础。

（二）徘徊阶段（20世纪六七十年代）：战略东移、三线建设，油气勘探开发在徘徊中前进

油气勘探战略东移，西部地区勘探开发进入低潮。虽然西部地区石油勘探开发取得了重要进展，但仍不能满足国内需求，同时，由于国民经济发展的重心在东、中部地区，经济发展的石油需求与石油生产布局不相适应。1958年2月，时任中共中央总书记、国务院副总理邓小平听取石油工业部的汇报，指出石油勘探工作应从战略方面考虑问题，选择突击方向是第一问题，要求重视对松辽、华北、华东等地区的勘探。1959年9月，松辽盆地松基3井喷油。1960年3月，石油工业部从西北地区调集大批力量开展大庆石油会战。勘探开发的主体力量集中在东北的松辽盆地、华北的渤海湾盆地，并先后发现了大庆、大港、胜利、辽河、中原、华北等大型油田，为我国石油工业的辉煌奠定了雄厚的基础。此次勘探开发方向调整，被称为"战略东移"。受此影响，西部地区石油勘探开发陷入低潮。以准噶尔盆地为例，该阶段勘探队伍和设备大量调出，地震勘探队下降到4个队，其间有5年未开展地震勘探工作，有7年年探井数不到10口，勘探工作陷入停滞。

配合三线建设，西部地区开展四川、长庆石油会战，掀起了油气勘探开发小高潮。20世纪60年代中后期到20世纪70年代初期，中苏关系持续恶化，中美、中印关系及周边形势均较为严峻，国家安全面临重大挑战。1964年8月，毛主席提出搞三线工业基地建设，保障国家安全。在此背景下，我国石油工业在四川盆地和陕甘宁盆地（鄂尔多斯盆地）开展石油会战，力图在三线建成大型油气工业基地。1965年初，石油工业部组织开展四川"开气找油"大会战。围绕威远构造和泸州古隆起开展重点勘探，成功发现威远大气田，并在泸州古隆起周边获得老翁场等6个气田，奠定了现代天然气工业发展基础。20世纪70年代后期，四川盆地勘探主探石炭系，兼探二叠系和三叠系，发现五百梯、相国寺等石炭系大中型气田。1979年天然气产量达到64.78亿立方米，四川盆地天然气生产基地粗具规模。同时，长庆石油会战也逐步展开。1969年，石油工业部在鄂尔多斯盆地天环凹陷部署三条钻井大剖面，庆1井、庆3井等多口油井获得高产油流。1970年12月，国务院、中央军事委员会联合颁发文件，宣布成立中国人民解放军兰州军区陕甘宁石油会战指挥部，长庆石油会战拉开序幕，并发现了马岭等一批侏罗系油田，建成130万吨石油生产能力，并基本摸清了侏罗系和三叠系延长组石油成藏条件，为长庆油田的发展奠定了基础。

　　总体来看，该阶段是西部地区石油勘探开发的低潮期，但也是天然气发展的奠基期。1960~1979 年西部地区石油探明储量仅增长 6.82 亿吨，石油产量在 20 世纪 70 年代后期持续增长，1979 年达到 579 万吨（图 1-10）。其间天然气产量由 10 亿立方米增长到 68.6 亿立方米，天然气工业发展开始起步并粗具规模。

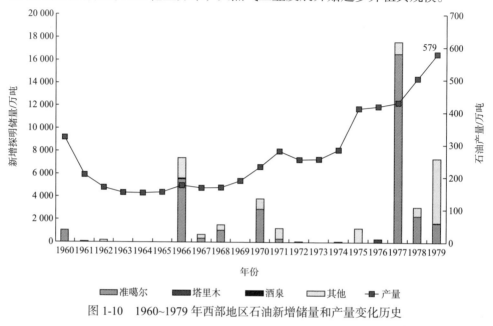

图 1-10　1960~1979 年西部地区石油新增储量和产量变化历史

（三）发展阶段（20 世纪八九十年代）：稳定东部、发展西部，油气勘探开发迎来新生

　　随着东部地区石油勘探程度的提高，石油工业持续发展急需开辟新的战略接替地区。1986 年，党中央、国务院正式做出"稳定东部，发展西部"的战略决策，西部石油工业进入一个崭新的发展时期。塔里木盆地、准噶尔盆地、吐哈盆地、鄂尔多斯盆地油气勘探取得重大突破，为 21 世纪石油、天然气储量和产量的规模发展奠定了良好的基础。

　　塔里木油气勘探获重大突破，锁定了塔北、塔中、库车三大有利区。1983 年之前，油气勘探先后经历过"五上五下"，发现依奇克里克小油田和柯克亚凝析气田。1984 年 9 月，地质矿产部在塔北地区钻探的沙参 2 井获高产工业油气流，发现了雅克拉凝析气田，实现了塔里木盆地古生代海相油气的突破。随后，地质矿产部和石油工业部加大了塔里木盆地塔北地区勘探力度，多口井获得工业油流。1989 年中国石油天然气总公司发起塔里木石油会战，油气勘探进入大发现阶段，先后发现东河塘油田、塔河油田、吉拉克油田、塔中 4 等东河砂岩油气田群，英买 7 号和提尔根凝析油气田、牙哈凝析气田、羊塔克凝析油气田等一系列油气田。

1995 年建成年产 500 万吨原油生产能力。1998 年库车凹陷克拉 2 井获高产气流，发现探明储量达 2 800 亿立方米的大气田，夯实了西气东输的资源基础。至此，塔北、塔中和库车三大油气勘探开发主战场基本确立，这奠定了塔里木盆地油气大发展的基础。

准噶尔盆地区域勘探获得突破，开辟了准东、腹部两大战略接替区。20 世纪 80 年代初，准噶尔盆地石油勘探集中在西北缘地区。为寻找新的勘探战场，1983 年新疆石油管理局抽调南疆石油勘探会战指挥部的力量加强准噶尔盆地东部勘探。1984 年发现火烧山油田，1985 年发现北三台油田，1986 年发现三台油气田，开辟了准东勘探新区域。20 世纪 80 年代后期至 20 世纪 90 年代中期，在"立足大坳陷、寻找大油田"方针的指导下，准噶尔盆地勘探由盆地边缘走向盆地内部，腹部迎来勘探发现高潮。1991 年在腹部中央隆起带发现彩南油田；1992 年石西 1 井实现准噶尔盆地腹部的第二个重大突破，发现亿吨级石西油田。1996~2000 年，在"梁控论"、"断控论"和"阶状运聚论"的认识指导下，腹部落实莫北、三个泉两个油气富集带，探明沙南、石南等油气田，腹部成为新疆增储上产的重要基地。

鄂尔多斯盆地三叠系岩性油藏和古生界天然气勘探获得重大突破。20 世纪 80 年代中期，基于前期钻井大剖面对三叠系油气成藏条件的认识，石油勘探转向安塞。1983 年，塞 1 井长 2 油层获高产油流，历时 6 年扩大勘探，先后探明王窑、侯市、杏河、坪桥、谭家营五个含油区块，发现探明储量超亿吨的安塞整装低渗大油田，明确了三叠系延长组的巨大勘探潜力。1994 年起，安塞油田原油产量以每年 20 万吨的速度持续增长，1997 年产量突破百万吨。该阶段，天然气勘探迎来大突破，1989 年陕参 1 井、榆 3 井、陕 5 井、陕 6 井均获高产工业气流，发现靖边气田，历时 4 年奋战，提交天然气探明地质储量达 3 000 亿立方米，一跃跻身世界大气田行列。

吐哈盆地勘探获得快速突破，实现高效发展。吐哈盆地勘探始于 1954 年，1958 年发现胜金口和七克台两个小油田。随后受"战略东移"影响，勘探陷入停滞。1983 年重上吐哈勘探，开展地震勘探和综合研究。1989 年台北凹陷科学探索井台参 1 井获工业油流，发现鄯善油田；同年，托克逊凹陷托参 1 井获高产油流，发现伊拉湖含油构造。1990 年起，对鄯善弧形带进行整体勘探，先后探明丘陵、温吉桑等 6 个油气田。1994 年以后，甩开预探北部山前带、吐鲁番构造带、连木沁—红南构造带、红台构造带等进行钻探，又发现了一批新油气田。1997 年吐哈盆地原油产量达到 300 万吨，实现了快速高效发展。

四川盆地川东石炭系获得大发展，天然气产量再上新台阶。1977 年，以相国寺气田发现为标志，四川盆地勘探发生重大转变，明确了以孔隙性储层为对象，以大中型气田为目标的勘探思路。相继发现五百梯、沙坪场、大池干井、高峰场等一批大中型气田。1993 年探明了大天池大型整装气田，1994 年完成了大天池

30 亿立方米产能建设，并快速建成了平落坝、邛西、麻柳场、黄龙场等一批中小气田。2000 年，四川盆地天然气产量突破 80 亿立方米。

综合看，这一时期西部地区油气勘探获得多个具有战略意义的重大突破，开辟了准噶尔东部、腹部，鄂尔多斯三叠系石油、古生界天然气，塔里木塔北、塔中、库车，四川盆地川东石炭系和吐哈盆地等油气勘探开发重点领域，为后续发展指明了方向，推动了西部地区油气储产量实现快速增长（图 1-11）。1980~1999 年，西部地区石油探明储量增长 30 亿吨，初步形成四川、鄂尔多斯、塔里木三个探明储量超 2 000 亿立方米的大气区，奠定了西部油气发展的基本格局。

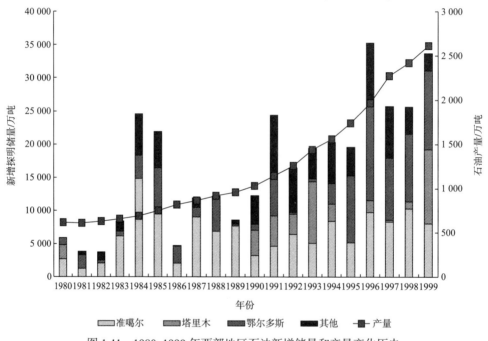

图 1-11　1980~1999 年西部地区石油新增储量和产量变化历史

（四）繁荣阶段（21 世纪以来）：油气并举、常非并重，西部实现跨越发展

21 世纪以来，西部地区油气勘探开发聚焦重点盆地，实施油气并举和常非并重战略，在鄂尔多斯盆地、塔里木盆地、四川盆地和准噶尔盆地获得一批重要发现，储量和产量实现快速增长，建成三个千万吨以上大油区和三个年产 200 亿立方米以上大气区，成为推动国内油气产量持续增长的主要贡献者。

鄂尔多斯盆地油气勘探开发规模拓展，产量当量突破 7 000 万吨，跃升为我国第二大油气生产基地。鄂尔多斯盆地立足三叠系延长组和侏罗系两大含油层系、上古生界致密气和下古生界碳酸盐岩两大含气层系，深化三角洲沉积体系和大面积岩性油气藏富集规律认识，发现西峰、姬塬、华庆、环江、新安边等一系列亿吨级油田和苏里格万亿立方米大气田，拓展形成陕北、陇东、姬塬、华庆四个 10 亿吨级大油区和上古生界苏里格、盆地东部和下古生界三个万亿立方米级大气区，并在盆地南部发现含气富集区，形成满盆气、半盆油的总体格局。2000~2017 年，鄂尔多斯盆地石油探明地质储量由 8.8 亿吨增长到 61.72 亿吨，产量由 457 万吨增长到 3 485 万吨；天然气探明地质储量由 3 924 亿立方米增长到 41 644 亿立方米，产量由 20 亿立方米增长到 435 亿立方米。目前，鄂尔多斯已成为全国第三石油生产基地和第一大天然气生产基地，油气产量当量近 7 000 万吨，仅次于渤海湾盆地，在我国油气供应中占据重要地位。

塔里木盆地立足塔北、塔中和库车三大阵地，油气并举，建成 3 000 万吨级油气生产基地。2000 年以来，塔里木盆地台盆区油气勘探通过持续深化潜山岩溶、层间岩溶、断裂岩溶控储控藏地质认识，强化碳酸盐岩断溶体刻画，台盆区碳酸盐岩勘探实现古隆起向斜坡区低部位拓展，塔河油田规模不断扩大，并发现塔中 I 号、哈拉哈塘、顺北等大型油气田，塔北-塔中初步呈现整体连片含油气的格局。库车地区天然气勘探通过实施宽线-大组合地震攻关和叠前深度偏移，强化目标识别和超深井钻井攻关，2008 年以来克拉苏构造带相继获得突破，先后发现克深 2、大北 2、克深 5、克深 6、克深 8、克深 9 等 8 个千亿立方米气藏。同时，在博孜、阿瓦特、迪那等区带也取得了重要突破，初步形成克拉苏万亿立方米大气区。2000~2017 年，探明石油地质储量由 4.66 亿吨增长到 24.2 亿吨，天然气地质储量由 4 910 亿立方米增长到 1.83 万亿立方米，油气产量当量由 650 万吨增长到 3 206 万吨，成为我国第四大油气生产基地。

四川盆地川东北礁滩、川中古隆起、致密气三大领域获得重大成果，储产量实现跨越增长。2000 年以来，四川盆地勘探领域由川东石炭系逐渐转向川东北二三叠礁滩，在开江—梁平海槽两侧发现普光、元坝、龙岗等大型整装气田，探明天然气地质储量超 5 000 亿立方米。同时，按照大面积分布致密气勘探思路，以三叠系须家河组为重点，发现广安、合川、潼南等千亿立方米大气田，累计提交三级储量超过 1.5 万亿立方米。2011 年川中古隆起风险探井高石 1 井获工业气流，川中震旦系和寒武系获得重大突破，探明寒武系龙王庙组 4 404 亿立方米安岳大气田，同时震旦系灯影组拓展勘探，新增探明储量超 3 000 亿立方米。目前，川中震旦系整体初步形成 1.5 万亿立方米规模气区。2000~2017 年，四川盆地天然气地质储量由 6 238 亿立方米增长到 3.68 万亿立方米，天然气产量由 80 亿立方米增长到 305 亿立方米。

四川盆地页岩气取得重大突破，成为增储上产的重要领域。我国页岩气起步晚、发展快，率先在四川盆地周缘海相页岩中获得突破。2012~2017 年，在四川盆地先后发现涪陵焦石坝、长宁—昭通北等千亿立方米级大型页岩气田，累计探明页岩气地质储量 9 208.89 亿立方米，标志着中国页岩气的勘探实现重大突破，短短 5 年，我国页岩气产量从无到有，2017 年产量达到 90 亿立方米，成为推动我国天然气持续增长的重要领域。

准噶尔盆地在玛湖凹陷和致密油两大领域获得突破。2010 年之前，准噶尔盆地石油勘探以西北缘精细勘探为主，腹部和准东勘探进展不大。2013 年以来按照"跳出断裂带、寻找斜坡区岩性油气藏"的勘探思路，加强玛湖凹陷预探和风险勘探，玛湖凹陷三叠系百口泉组、二叠系乌尔禾组获得重大突破，沉陷多层系满凹含油局面，形成 3 亿~5 亿吨级规模油区。另外，准噶尔盆地准东地区昌吉凹陷二叠系芦草沟组致密油获得突破，初步测算具有 10 亿吨级规模。

总体来看，该阶段西部地区油气勘探开发全面开花，实现了大发展、大跨越。西部地区新增石油探明地质储量 99 亿吨，是 2000 年之前的 2.2 倍；新增常规气（含致密气）探明地质储量 8.7 万亿立方米，是 2000 年之前的 5.8 倍；页岩气从无到有，探明储量超过 9 000 亿立方米。2017 年西部石油产量达到 6 506 万吨、天然气产量 1 213 亿立方米，油气产量当量突破 1.6 亿吨（图 1-12），占全国油气产量的比重达到 53%，为推动国内油气产量持续增长提供了重要支撑。

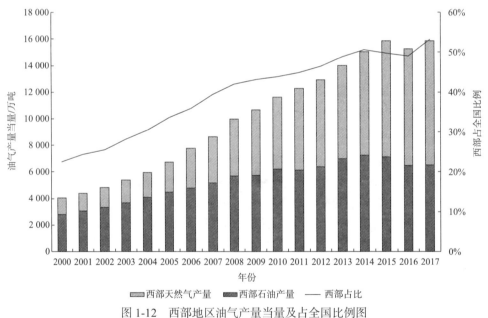

图 1-12　西部地区油气产量当量及占全国比例图

三、西部地区油气勘探开发现状

西部地区经过近 70 年发展，鄂尔多斯、四川、塔里木、准噶尔、柴达木等重点盆地油气勘探进入规模发现期，储产量持续增长，已建成鄂尔多斯、新疆两大油区和鄂尔多斯、四川、塔里木三大气区，成为我国重要的石油供应来源和最为重要的天然气供应来源。

（一）西部地区油气勘探现状

西部地区年增石油探明储量呈现台阶式增长趋势，已成为国内石油储量增长的主体。中华人民共和国成立以来，西部地区石油储量增长呈现两大特点：一是新增储量规模台阶式上升。20 世纪 50 年代、60 年代、70 年代、80 年代、90 年代和 21 世纪以来年新增石油探明地质储量分别为 2 791 万吨、1 426 万吨、6 796 万吨、10 797 万吨、23 256 万吨和 55 050 万吨。二是新增探明储量占全国比例先降后升，目前占全国探明储量比重超过 60%。中华人民共和国成立初期，我国石油全部分布在西部地区。随着战略东移和东部大油田的发现，西部地区年新增探明储量占比降至 10%~30%；20 世纪 80 年代以后，随着"稳定东部、发展西部"战略的实施，西部地区石油新增储量占比持续上升，2000 年以来平均占比达到 51.6%，"十二五"以来占比更是达到 61.5%（图 1-13）。西部地区已取代东部，成为我国石油新增储量主体。

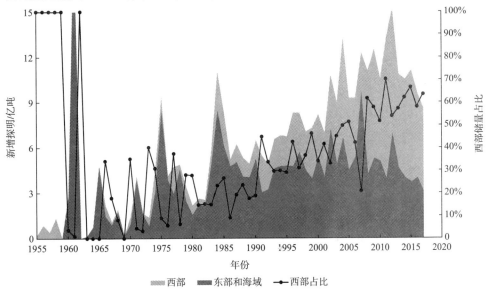

图 1-13　我国石油新增储量构成及西部地区占比

石油勘探集中在鄂尔多斯、塔里木和准噶尔三大盆地，新增探明储量占比超过八成。大型含油盆地是石油勘探和增储重点。中华人民共和国成立初期，准噶尔盆地和酒泉盆地是勘探增储重点盆地，20 世纪五六十年代，新增储量规模较小，准噶尔和酒泉盆地新增石油储量占比达到 84.4%。随着鄂尔多斯盆地三叠系大面积岩性油藏勘探拓展和塔里木盆地台盆区碳酸盐规模勘探的进行，鄂尔多斯、塔里木和准噶尔三大盆地成为石油勘探增储的主体（图 1-14）。20 世纪 70 年代、80 年代、90 年代和 21 世纪以来，三大盆地合计年均新增石油探明地质储量分别达

到 5 722 万吨、8 888 万吨、17 398 万吨、47 416 万吨，分别占西部地区新增储量
的 84.2%、82.3%、74.8%、86.1%。特别是鄂尔多斯盆地是石油储量增长的重中之
重，"十二五"以来新增储量占西部地区的比例达 66%。

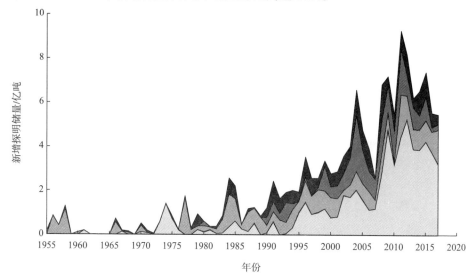

图 1-14　西部地区石油新增储量盆地构成

　　西部地区天然气新增探明储量呈跨越增长，在国内天然气勘探中占据主体地
位，新增储量占比近九成。西部地区天然气勘探呈现三大特点：一是天然气勘探
起步较早，但早期发展相对缓慢。20 世纪 60 年代四川盆地天然气勘探取得重要
进展，但随后 30 年，天然气勘探开发主要集中在四川盆地，新增探明储量规模小，
发展相对缓慢。20 世纪七八十年代，全国累计新增探明天然气地质储量仅为 4 240
亿立方米，西部地区占比 58%，其余为东部地区石油勘探过程中发现的小型气田。
二是天然气新增探明储量呈台阶式上升。20 世纪 90 年代，西部地区天然气勘探
取得重要进展，在鄂尔多斯靖边、塔里木盆地克拉 2、四川盆地川东石炭系持续
获得发现，年新增探明储量超过千亿立方米，达到 1 114 亿立方米。进入 21 世纪，
随着鄂尔多斯上古生界致密气、塔里木盆地克拉苏构造带、塔中 I 构造带、四川
盆地川东北礁滩、川中—川西致密气和川中古隆起天然气勘探获得突破，新增探
明储量实现跨越发展，年新增探明储量达到 5 234 亿立方米，年新增探明储量超
过 20 世纪 60 年代~80 年代总和。三是西部地区是天然气增储主体。20 世纪 90
年代、21 世纪前十年和"十二五"以来，西部地区新增探明储量分别占全国探明
总储量的 73.5%、86.1%、87.8%（图 1-15），比例持续上升，占比近九成。
　　西部地区天然气增储领域相对明确。四川、鄂尔多斯和塔里木三大盆地是西
部地区天然气增储的重点盆地（图 1-16）。2000 年以来，鄂尔多斯、四川、塔里

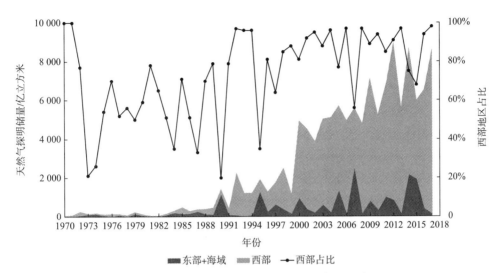

图 1-15　我国天然气新增储量构成及西部地区占比

木三大盆地累计新增天然气地质储量分别达到 3.77 万亿立方米、3.06 万亿立方米、1.34 万亿立方米，分别占同期新增探明储量 43%、36%、16%，合计占比达到 95%。同时，从增储领域看，海相碳酸盐岩、前陆冲断带、致密气等 3 大领域探明储量快速增长，是西部地区天然气储量增长的主要勘探领域（图 1-17）。"十二五"期间，海相碳酸盐岩、致密气、前陆冲断带累计新增探明天然气地质储量分别为 1.22 万亿立方米、1.22 万亿立方米、0.54 万亿立方米，分别占西部地区新增储量的 40.5%、40.7%、17.8%。

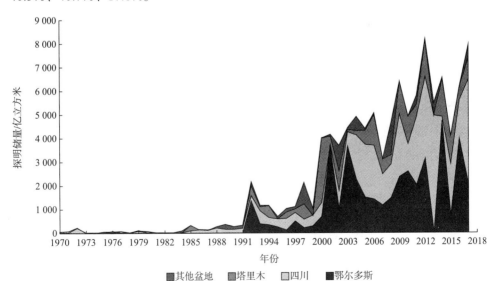

图 1-16　西部地区天然气新增储量盆地构成

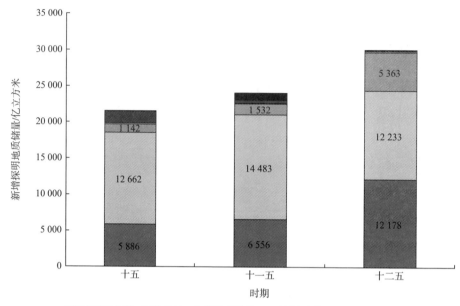

图 1-17　西部地区"十五"以来天然气探明储量领域变化情况

（二）西部地区石油开发现状

西部地区石油产量持续增长，复杂油气藏是石油产量的主体。近年来，通过复杂油藏开发技术攻关和开发试验，低渗透、碳酸盐岩油藏实现了有效开发。"十五"以来，西部地区石油产量保持较快增长，年均增长 208 万吨，年均增长率达到 4.8%，远高于国内年均 1.9%的增长率。截至 2017 年底，西部地区动用石油地质储量 107 亿吨，石油产量从"十五"初期的 3 182 万吨增长到 2017 年的 7 232 万吨，在国内石油产量的占比由 19%增加到 34%，接替作用愈加明朗（图 1-18）。受低油价影响，2017 年西部地区石油产量降至 6 387 万吨，其中低渗-致密、稠油、碳酸盐岩等低品位、复杂油藏产量达到 5 476 万吨，占西部总产量的 86%（图 1-19）。

技术和管理创新是实现复杂油藏规模效益开发，推动西部地区石油上产的重要支撑。长庆油田作为西部快速发展油田的典型代表，针对"低渗、低压、低丰度"的油藏特点，通过加强科技攻关，发展并完善了以"超前注水、井网优化、压裂改造"等为主体的油田开发配套技术系列；坚持管理创新，推行标准化建设，实现超低渗透油藏规模开发。原油产量在 2001 年 520 万吨的基础上，保持年均 150 万吨以上的增长幅度，年均增长率达到 12.9%，2013 年生产原油 2 432 万吨，实现油气当量 5 000 万吨，建成"西部大庆"，2014 年原油产量达到 2 505 万吨，创历史新高，2015 年原油产量 2 481 万吨，2017 年受低油价影响，产量降至 2 372 万吨。

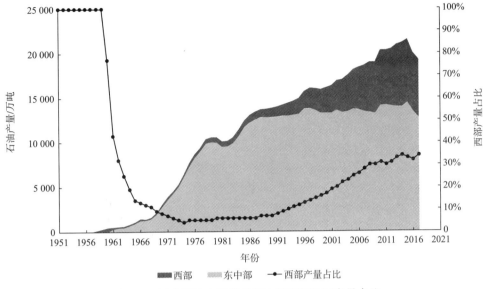

图 1-18　国内石油产量增长历史及西部地区产量占比

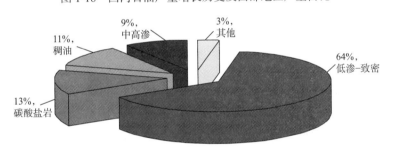

图 1-19　2017 年西部石油产量构成

西部地区已在鄂尔多斯、准噶尔、塔里木等盆地建成了规模石油生产基地。经过近 70 年的发展,西部地区建成了多个大中型油田,其中,主要包括年产 2 500 万吨规模的长庆油田、年产 1 000 万吨以上规模的延长油田和新疆油田、年产 500 万吨以上规模的塔里木油田和西北油田、年产 200 万吨以上规模的吐哈油田和青海油田,以及年产 50 万~100 万吨规模的二连油田、春风油田和春光油田。分盆地产量构成来看(图 1-20),鄂尔多斯盆地产量增长较快,从 2000 年的 731 万吨增长到 2017 年的 3 485 万吨,占西部产量的 54%;准噶尔盆地产量呈增长趋势,从 2000 年的 920 万吨增长到 2017 年的 1 285 万吨,占西部产量的 20%;塔里木盆地产量呈增长趋势,从 2000 年的 618 万吨增长到 2017 年的 1 150 万吨,占西部产量的 18%;柴达木盆地产量呈增长趋势,从 2000 年的 200 万吨增长到 2017 年的 228 万吨,占西部产量的 4%。产量分省构成看,陕西、新疆、甘肃三省区的

石油总产量占西部产量 90%以上，分别占西部石油产量的比例为 41.9%、40.5%和
10.4%。鄂尔多斯盆地和新疆地区成为西部重要的石油生产基地，原油产量规模在
3 000 万吨/年。

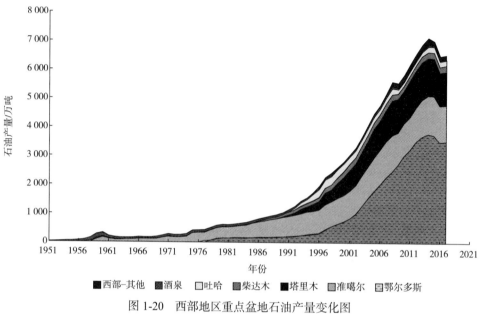

图 1-20　西部地区重点盆地石油产量变化图

（三）西部地区天然气开发现状

　　常非并举，西部地区天然气产量快速增长。西部地区气田主要集中在塔里木、
鄂尔多斯、四川、柴达木、准噶尔和吐哈等盆地。2000 年以来，西部天然气开发
技术不断进步，形成超高压气藏安全均衡开发技术、多层低渗气藏分压合采技术、
疏松砂岩气藏防砂治水技术、孔洞缝气藏高效开发技术等复杂类型气藏开发配套
技术，推动了西部天然气产量跨越式增长，由 2000 年的 130 亿立方米增长到 2017
年的 1 213 亿立方米，年均增长 64 亿立方米，年均增长率 14%，占全国天然气产
量的 83.7%（图 1-21），西部与东部、海洋相比，其主体地位日益突出。非常规天
然气产量也得到快速发展，致密气、煤层气、页岩气的产量由 2000 年的 21 亿立
方米增长到 2017 年的 450 亿立方米，年均增长率 20%，占西部天然气产量的比例
由 16%上升到 38%。克拉苏深层、元坝、安岳等深层大气田的发现和开发，使深
层气产量年均增长 25%，占西部总产量比例由 2000 年的 8%上升到 2017 年的 32%
（图 1-22）。

　　西部地区初步建成鄂尔多斯、四川、塔里木和柴达木"三大一小"四个天然
气生产基地。自西气东输管道投产以来，西部天然气得到快速发展，相继建成了

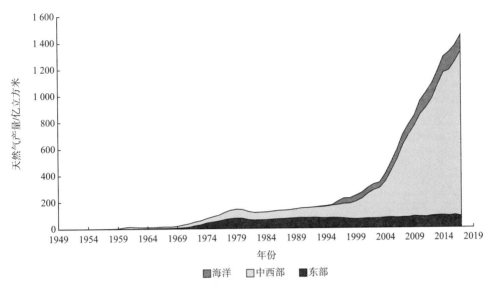

图 1-21　1949 年以来西部天然气产量变化状况

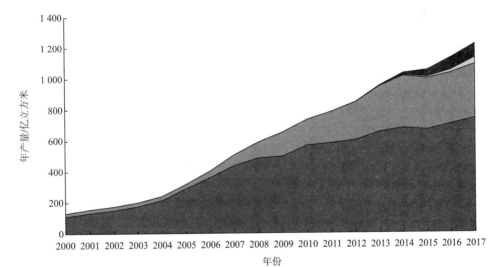

图 1-22　西部常规与非常规气年产量构成变化

克拉 2、克深、英买力、大北、塔中 I 号、苏里格、大牛地、靖边、榆林、子洲、
神木、乌审旗、罗家寨、大天池、涩北一号、涩北二号、台南、新场、元坝、安岳、
普光 22 个年产规模大于 10 亿立方米的整装气田，形成了四川、塔里木、鄂尔多斯
盆地三个年产量大于 250 亿立方米、柴达木盆地年产量大于 60 亿立方米的大中型
天然气生产基地。2017 年西部地区天然气产量为 1 187 亿立方米（表 1-2），四川、

塔里木、鄂尔多斯、柴达木四个盆地产量合计占比98%。

表 1-2　截至 2017 年底西部气层气开发指标现状表

资源类型	盆地	累计探明储量/亿立方米		已开发储量/亿立方米		探明技术可采储量		产量/亿立方米		储采比	储量动用率
		地质	可采	地质	可采	采气速度	采出程度	年产气	累计产气		
常规气	四川	25 293	16 526	15 429	10 289	1.71%	29.00%	283	4 716	42	61.0%
	鄂尔多斯	10 017	6 068	8 934	5 436	1.83%	25.00%	111	1 523	41	89.2%
	塔里木	18 308	11 331	10 281	6 566	2.28%	22.00%	258	2 496	34	56.2%
	柴达木	3 701	2 013	3 151	1 701	3.11%	35.00%	63	714	21	85.1%
	准噶尔	1 736	972	1 424	793	2.04%	36.00%	20	349	31	82.0%
	吐哈	483	321	437	293	1.33%	44.80%	4	144	42	90.5%
	其他	61	32	61	32	1.51%	25.74%	0	8	49	100.0%
	小计	59 599	37 263	39 717	25 110	1.98%	26.70%	739	9 950	37	66.6%
致密气	四川	11 505	4 961	4 030	1 691	0.44%	11.53%	22	572	201	35.0%
	鄂尔多斯	31 628	16 012	16 568	8 497	2.02%	14.21%	324	2 275	42	52.4%
	吐哈	132	50	26	10	0.54%	5.73%	0	3	176	19.3%
	小计	43 265	21 023	20 624	10 198	1.65%	13.56%	346	2 850	52	47.7%
煤层气	鄂尔多斯	1 813	911	131	66	1.24%	4.32%	11	39	77	7.2%
	四川	94	47	88	44	2.00%	4.56%	1	2	48	93.3%
	小计	1 907	958	219	110	1.28%	4.33%	12	41	75	11.5%
页岩气	四川	9 209	2 209	0	0	4.07%	10.22%	90	226	22	0
西部小计		113 980	61 453	60 560	35 418	1.93%	21.26%	1 187	13 067	41	53.1%

注：储量不含溶解气

资料来源：自然资源部《2017 年全国各油气田油气矿产探明储量》

　　西部地区天然气探明未动用储量规模大、可采储量采出程度低，未来具备进一步上产的潜力。西部已开发气田（藏）主要包括低渗致密、碳酸盐岩、异常高压、疏松砂岩等复杂气藏类型，低渗致密和碳酸盐岩气藏产量占比达到72%。截至 2017 年底，西部地区累计探明常规气、致密气、煤层气和页岩气地质储量 11.40万亿立方米、可采储量 6.15 万亿立方米，累计动用地质储量 6.06 万亿立方米、可采储量 3.54 万亿立方米，探明地质储量动用率 53.1%；累计产气量 1.31 万亿立方米，探明技术可采储量采出程度为 21.26%（表 1-2）。常规气和致密气储量动用率和技术可采储量采出程度分别为 58.7%、22%，页岩气和煤层气非常规资源探明储量动用率、技术可采储量采出程度更低。近十年，西部气层气剩余可采储量增长迅速，由 2006 年的 2.43 万亿立方米增至 2017 年的 4.84 万亿立方米，年均增长近 2 200 亿立方米，常规天然气储采比随着产量的快速增长虽有所下降，但仍在 40 左右，保持较高水平，具备进一步上产的潜力。

四、新疆地区油气生产和炼化发展现状

（一）新疆地区油气生产情况

新疆地区沉积盆地众多，油气资源丰富。疆内共发育 34 个沉积盆地，总面积 97.7 万平方千米，占新疆疆域面积六成。根据中国石油第四次油气资源评价，新疆维吾尔自治区拥有石油地质资源量 202 亿吨、天然气（常规气+致密气）地质资源量 16.9 万亿立方米，分别占全国石油、天然气资源总量 16.7%、16.9%。截至 2017 年底，在塔里木、准噶尔、吐哈、三塘湖和焉耆五个盆地发现油气，累计探明石油地质储量为 59.1 亿吨，天然气储量为 2.55 万亿立方米，油气探明储量在全国各省市中均位居第二位。

新疆地区形成三大油气生产基地，油气产量位居全国前列。新疆维吾尔自治区在中华人民共和国成立以来一直是我国重要的石油生产基地，20 世纪 50 年代克拉玛依油田是我国发现的首个亿吨级油田。经过 60 余年的发展，形成了准噶尔盆地、塔里木盆地和吐哈—三塘湖盆地三大油气生产基地，油气产量持续增长。2017 年新疆维吾尔自治区生产原油 2 760 万吨，占全国同期产量的 14.4%，在各省市中位居第四位；生产天然气 304 亿立方米，占全国同期产量的 21.4%。其中，塔里木盆地石油产量 1 150 万吨、天然气产量 269 亿立方米，产量当量 3 295 万吨；准噶尔盆地石油产量 1 285 万吨、天然气产量 28.4 亿立方米，产量当量 1 510 万吨；吐哈—三塘湖盆地石油产量 149 万吨、天然气产量 6 亿立方米，产量当量 197 万吨。

（二）新疆炼化产业发展情况

1. 炼化产能规模及特点

目前，新疆地区共有独山子石化、乌鲁木齐石化、克拉玛依石化、塔河炼化四个重点炼化企业，2016 年原油一次加工能力共计约 2 500 万吨，企业现有总资产 604 亿元，拥有职工 2.9 万人。

独山子石化是典型的炼油-化工型企业。拥有 14 套炼油装置和 21 套化工装置，具备 1 000 万吨/年综合原油加工能力及 122 万吨/年乙烯产能。2013~2015 年加工原油 921 万吨、912 万吨、701 万吨，乙烯产量 132 万吨、128 万吨、109 万吨。

2015 年生产汽油 65.7 万吨、柴油 297.9 万吨，全部按照国Ⅳ标准生产；生产聚乙烯 95.6 万吨、聚丙烯 52 万吨、聚苯乙烯 8.5 万吨、橡胶 18.2 万吨，产品合格率 100%。主要技术经济指标先进，其中乙烯能效全国第一，轻油收率在中国石油下属石油企业中居首位。

乌鲁木齐石化属于燃料-芳烃型石化企业。位于乌鲁木齐市米东区，原油一次加工能力 850 万吨/年，对二甲苯（PX）生产能力为 100 万吨/年，2013~2015 年加工原油 558 万吨、733 万吨、801 万吨，PX 产量 55 万吨、53 万吨、39 万吨，成品油产量分别为 328 万吨、465 万吨、524 万吨。已具备国Ⅴ质量升级条件，并且已初步形成了立足首府、辐射周边的清洁能源供给格局。

克拉玛依石化属燃料-润滑油型石化企业。围绕加工新疆油田环烷基稠油，坚持科研技术创新，成功攻克了稠油深加工难题，实现了稠油资源向特色产品的转化。原油一次加工能力 600 万吨/年，是中国石油最重要的高档润滑油和沥青生产基地。2013~2015 年加工原油 571 万吨、577 万吨、520.38 万吨。

塔河炼化位于新疆库车县东城石化园区，拥有 500 万吨/年综合原油加工能力，所加工原油全部为重质塔河原油，加工流程采用常压-焦化流程，配套建设产品精制装置，全厂分为两个系列。全厂加工规模为 500 万吨/年，2013~2016 年原油加工量维持在 410 万吨/年左右。

2. 各炼厂原料需求及来源情况

独山子石化主要加工哈萨克斯坦进口原油、新疆油田原油（表 1-3）。2016 年 6 月起，因进口哈油（哈萨克斯坦原油）资源不足，加工部分塔里木原油。未来，独山子石化仍以加工进口哈油为主，加工比例在 78% 左右（减少 10%），其余为 14% 新疆油田原油和 8% 左右的塔里木油田原油。

表 1-3　独山子石化加工原油构成　　　　　单位：万吨/年

原油构成	2013 年	2014 年	2015 年
原油加工量	921.3	911.9	701.2
其中：新疆油田原油	103.5	111.5	109.2
进口哈油	817.8	800.4	592.0

乌鲁木齐石化加工原油品种逐渐由单一的轻油向原油品种多样化、重质化和劣质化方向发展，主要是增加了新疆区域内的超稠、重质、劣质原油油种的加工比例（表 1-4）。乌鲁木齐石化未来的原油加工资源主要是新疆本地的资源，包括中石油、中石化油田的原油资源，基本原油品种的差别不大。

表 1-4　乌鲁木齐石化加工原油构成　　　　单位：万吨/年

原油种类	2013 年	2014 年	2015 年
一次加工装置原油	536.7	693.8	740.3
原油	523.3	662.3	718.1
新疆北疆原油	67.2	140.6	188.1
新疆东疆原油	60.7	64.5	82.6
新疆彩南原油	33.1	31.8	13.4
新疆石西原油	86.0	99.2	91.0
新疆原油（超稠）	68.3	113.2	116.2
新疆原油（重质油）			48.6
牙哈原油	48.2	45.5	25.4
塔河混合原油	34.2	36.0	23.7
焉耆原油	4.5	3.9	3.1
春光原油	47.2	49.5	51.9
哈萨克原油	55.1	78.1	64.6

克拉玛依石化加工原油以新疆油田稠油为主（表 1-5）。未来 20 年内，新疆油田环烷基稠油开发及产量将持续保持稳定，可为克拉玛依石化进一步做强做大特色润滑油、沥青提供资源保障。

表 1-5　克拉玛依石化加工原油构成　　　　单位：万吨/年

原油资源品类	2013 年	2014 年	2015 年
稀油	174	189	195
超稠油	107	116	113
车排子稠油	26	39	35
低凝稠油	213	233	228
合计	520	577	571

塔河炼化公司加工原油品种单一，全部为塔河油田的重质原油。目前，塔河油田原油产量出现下降，随着西安石化关停、洛阳石化分公司不再加工塔河原油，塔河原油流向调整，预计在相当长时间内，塔河油田能保证塔河炼化原油供给。另外，随着中石化顺北油田的开发，未来塔河炼化原油资源供应将更加有保障和多样化。

（三）天然气加工利用现状

1. 新疆天然气加工利用概况

新疆地区天然气资源丰富，2005 年以来天然气消费量快速上升。2014 年达到 170 亿立方米，2015 年和 2016 年有较大幅度下降，2016 年降至 132 亿立方米（图 1-23）。其中，工业燃气和化工用气是天然气需求大户，也是推动天然气需求增长的主要领域。根据新疆维吾尔自治区统计局数据，2014 年天然气消费中，工业燃料达到 124.70 亿立方米，占到天然气消费总量的 73.4%；化工用气 22.61 亿立方米，占消费总量的 13.3%；交通运输原料用气和生活消费用气合计 17.87 亿立方米，占比仅为 10.5%（表 1-6）。目前，新疆地区城镇气化工程已基本完成，城镇气化率达到 100%预定目标。

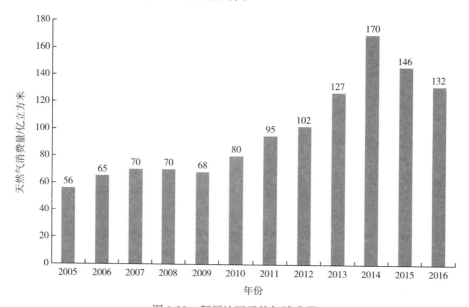

图 1-23　新疆地区天然气消费量

表 1-6　新疆天然气消费结构变化　　　　　　　单位：亿立方米

用途	2012 年	2013 年	2014 年
工业燃料	72.05	84.10	124.70
化工	17.70	22.84	22.61
交通运输燃料	4.51	6.70	7.90
生活消费	5.79	8.97	9.97
其他	1.90	4.80	4.69
合计	101.95	127.41	169.87

2. 天然气液化工厂

新疆地广人稀，天然气输送总体呈现管道为主、LNG（liquefied natural gas，液化天然气）为辅的格局。截至 2015 年 6 月，新疆共有 LNG 项目 11 个，产能合计 655 万米^3/天（表 1-7），其中已投产 5 个，产能合计 405 万米^3/天。未来，随着天然气管网的逐步完善，LNG 工厂的销售对象将由原来的管道气的补充逐渐收缩为 LNG 汽车。LNG 汽车的发展主要依靠淘汰旧车后购置新车，一旦市场发展滞后 LNG 销售将面临挑战。

表 1-7　新疆 LNG 工厂项目情况　　　　单位：万米^3/天

LNG 项目	厂址	气源	产能
广汇淖毛湖	哈密	煤制气	150
博瑞能源	巴音郭楞	塔里木油田	30
广汇吉木乃	克拉玛依	哈国斋桑	150
洪通燃气	巴音郭楞	塔里木油田	50
新捷和田	和田	塔里木油田	25
广汇鄯善	吐鲁番	吐哈油田	150
昊天恒达	阿克苏	塔里木油田	60
利华绿源	阿克苏	塔里木油田	50
新疆国瑞	阿克苏	塔里木油田	50
金晖兆丰	阿克苏	塔里木油田	30
新捷哈密	克拉玛依	库尔勒轮库	10
新捷克拉玛依	哈密	气田管道气	50

3. 天然气化工

新疆天然气化工主要用于制氢、制甲醇及制尿素等（表 1-8 和表 1-9）。近年来，随着国家大力开发新疆煤、气资源，作为产业链下游的尿素生产项目也纷纷上马，这使得新疆尿素产能严重供大于求。目前，新疆各生产企业尿素总产能约为 650 万吨/年，其中以天然气为原料的约为 369 万吨/年。受尿素产能过剩和国家天然气利用政策影响，天然气作为化工原料将受到较大制约。

表 1-8　新疆主要天然气化工项目

天然气化工利用	生产企业	能力
天然气制氢	中石化塔河分公司	2.8 万米^3/时
天然气制甲醇	克拉玛依石化	20 万吨/天
	新疆美克化工	17 万吨/天；6 万吨/天 BDO（1,4-丁二醇）
	新疆吐哈油田	24 万吨/天
	新疆库车新成化工	20 万吨/天
	新疆东辰	48 万吨/天

表 1-9　新疆主要天然气尿素生产企业　　单位：万吨/年

企业名称	所在地	产能
乌鲁木齐石化公司	乌鲁木齐市	134
塔西南勘探开发公司	泽普县	48
塔里木石化公司	库尔勒市	80
新疆化肥厂	乌鲁木齐市	25
阿克苏华锦集团	库车县	52
新疆金圣胡杨化工公司	沙雅县	30

（四）油气储备和管道建设现状

1. 油气储备现状

石油储备。截至 2017 年底，新疆维吾尔自治区已建油库总库容为 1 011.4 万立方米。其中中石油新疆油田、塔里木油田、西部管道公司和中石化西北油田共建成原油库 913.8 万立方米（含国储库和商储库）；西部管道公司和新疆销售公司共建成成品油库 97.6 万立方米。新疆维吾尔自治区已建原油、成品油库现状，如表 1-10 所示。

表 1-10　新疆地区原油、成品油库分布情况　　单位：万立方米

企业名称		油库类型	总库容
中国石油	新疆油田	原油库	51
	塔里木油田	原油库	43
	西部管道	原油库	269
国储库		国储库	500
中石化		原油库	50.8
原油库小计			913.8
中国石油	西部管道	成品油库	50
	新疆销售	成品油库	47.6
成品油库小计			97.6
原油、成品油库合计			1 011.4

天然气储备。呼图壁气田位于准噶尔盆地南缘，距呼图壁县东约 4.5 千米，东南距乌鲁木齐市约 78 千米。呼图壁储气库兼顾季节调峰与战略储备双重功能，设计库容量 107.0 亿立方米，工作气量 45.1 亿立方米。呼图壁储气库于 2011 年开

工，2013 年 6 月主装置投运，开始投注储备气，2018 年 7 月达到设计库容能力。该储气库的投用提高了"西气东输"平稳供气的能力。呼图壁储气库参数，如表 1-11 所示。

表 1-11　呼图壁储气库参数

名称	所属油田	位置	库容/亿立方米	工作气量/亿立方米	工作压力/兆帕	注采能力/（万米³/天）
呼图壁储气库	新疆油田	呼图壁县东4.5千米	107	45.1	18~34	日注气能力：1 550 日采气能力：1 066~1 900

2. 油气管网及其他配套设施现状

原油管网。中国石油在新疆已建成阿拉山口—独山子原油管道（以下简称阿—独线）、独山子—乌鲁木齐（以下简称独—乌线）原油管道和西部原油管道（乌鲁木齐—鄯善—兰州）等三条干线管道，构成了我国西北陆上原油进口战略通道，总里程 1 503 千米，管网一次管输能力 2 000 万吨/年。另建成王家沟油库—乌鲁木齐石化（以下简称王—化复线）复线管道，可将进口哈油分输至乌鲁木齐石化，管道设计输量 450 万吨/年。

成品油管网。截止到 2017 年底，新疆地区成品油管道里程达到 1 861.3 千米，一次管输能力达到 2 300 万吨/年。新疆地区成品油管网主要是北疆成品油管网和西部成品油管道系统。目前，北疆成品油管网主要包括：克拉玛依—乌鲁木齐（以下简称克—乌）成品油管道、克—乌成品油管道复线、克拉玛依—703—独山子成品油管道、独—乌成品油管道。西部成品油管道系统包括新疆成品油干线、王—化成品油支线，以及哈密分输支线。

天然气管网。目前，中石油在新疆维吾尔自治区已建成西气东输一线、西气东输二线、西气东输三线（西段）等 3 条国家级干线管道，境内总里程 3 751 千米，管输能力 770 亿立方米；建成轮南—库尔勒输气管道、鄯善—乌鲁木齐输气管道等 2 条区域干线管道，总长度 494.4 千米，管输能力 31 亿立方米；同时，配套西气东输二线、三线建成轮南—吐鲁番支干线、伊宁—霍尔果斯支干线、北疆管网联络线、乌石化支线、独石化支线、乌鲁木齐供气支线等 6 条支干线、支线管道，总长度 716.4 千米，管输能力 586 亿立方米。现已初步形成 3 条国家级干线，2 条区域干线，6 条配套支干线、支线，纵贯东西，连接三大油田，南北疆互联互通的天然气长输网络。另外，南疆利民工程覆盖南疆 5 地州 26 个县市、新疆生产建设兵团 20 个团场，实现喀什、和田、克州所有县级以上城镇全面气化，并有效解决沿线团场用气。

综上所述，随着"西气东输"三线 2015 年全线建成投产，以及前期建成的西气东输一、二线，中—哈原油管道，西部原油管道，新疆地区已形成 600 亿米³/

年的天然气、1 200 万吨/年的原油管道入境输送能力和 770 亿米^3/年的天然气、2 000 万吨/年的原油管道出疆东输能力。2015 年进口天然气 305.52 亿立方米（不含广汇约 5 亿立方米）、原油 1 175.08 万吨（不含非管道入境约 15 万吨），出疆东输天然气 433.52 亿立方米、原油 1 144.32 万吨（不含铁路运输约 120 万吨）、成品油 573.40 万吨。西油东送、西气东输能源战略大通道已基本形成。

第二章　西部地区油气发展面临的形势

西部地区地处我国向西开放、商通天下的经济大通道，也是我国油气进口、储备的关键枢纽。西部地区自身油气资源丰富，油气储产量正处于快速增长期，在我国油气生产中的战略接替地位日益凸显，西部地区特别是新疆的油气工业的发展还具有引领地方经济增长、保障社会长治久安和提高民生水平的重要意义。因此，在我国"一带一路"倡议下，西部地区正在迎来新时代加快发展的战略机遇。与此同时，西部地区油气工业的发展也面临着以下严峻挑战：油气地质条件复杂，勘探开发难度大；油气资源由于供给与需求不均，需要大范围长距离调配使用；水资源短缺严重，生态环境脆弱；等等。

一、西部地区油气发展的机遇和优势

（一）西部油气工业发展迎来新机遇

国家实施的"一带一路"倡议，将开放和发展的重点延伸到中西部广大地区，西部地区迎来了扩大开放、实现赶超的重大机遇。同时，国家高度重视西部地区油气产业的发展，出台了一系列相关优惠政策，并逐步开展了相关支持政策试点工作（如新疆油气体制改革试点），为西部地区油气资源勘探开发跨越式发展奠定了坚实的基础。扩大西部开放，加大油气勘探开发投入，将有力推动西部地区油气产业发展。同时，可以把资源优势转化为经济优势，打造西部经济升级版。发展中西部地区油气产业，做大国内油气勘探开发和炼化，同时做好引进来、走出去，将西部地区作为跳板走向中亚、俄罗斯，建成能源输送大通道，为国家"一带一路"倡议落地生根、发芽、结果做出巨大贡献。新疆作为丝绸之路经济带核心区和向西开放的窗口，因其丰富的油气资源优势、区位优势和炼化产业基础，油气工业发展面临前所未有的战略机遇。

（二）西部油气工业加快发展具有资源与区位优势

国内石油、天然气供需失衡矛盾加剧，强化国内油气勘探开发为西部地区油气规模发展提供了现实途径。1991 年以来我国石油消费快速增长，1993 年成为石油净进口国，1996 年成为成品油净进口国。2000~2017 年我国石油表观消费量从 2.25 亿吨上升到 5.89 亿吨。国内石油产量 2015 年达到 2.15 亿吨峰值后，受低油价和东部老油田刚性递减影响，2017 年降至 1.92 亿吨。由于国内产量高位回落与石油消费量强劲增长，石油对外依存度由 2000 年的 27.6% 上升至 2017 年的 67.4%，达到历史新高。与此同时，我国天然气消费量也呈现快速增长态势，天然气产量难以满足国内需求，对外依存度快速增长，2017 年突破 40%。油气对外依存度的大幅增长，对我国能源安全带来了严峻挑战，这使得国内特别是西部地区油气的基础保障作用显得尤为重要。

1. 西部地区是实现国内石油长期稳定发展的战略接替

西部地区剩余资源丰富，探明率低，现处于发展的早中期阶段。常规石油资源量 433 亿吨，探明石油地质储量 134 亿吨，资源探明率 31.0%；致密油资源量 83.4 亿吨，探明地质储量 2.7 亿吨，探明率不足 4%。石油勘探总体处于早期阶段。

从盆地分布看，鄂尔多斯盆地常规石油探明率较高，达到 50%；准噶尔、塔里木、柴达木三大盆地石油探明率分别为 34%、29% 和 22%（图 2-1），整体处于勘探中期阶段，储量具备持续高峰增长的潜力和前景。

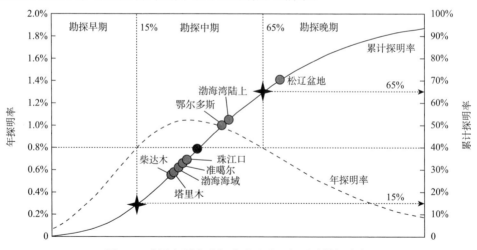

图 2-1　我国主要含油气盆地（地区）石油勘探阶段

实线为累计探明率，虚线为年探明率

2000 年以来，鄂尔多斯盆地、塔里木盆地和准噶尔盆地石油勘探开发迎来大发展，西部地区已成为石油新增储量和产量增长的主要贡献者。"十一五""十二五"期间西部地区年均新增石油地质储量分别为 5.1 亿吨、7.5 亿吨，分别占全国的 46%、62%，成为推动我国石油储量持续高峰增长的主体。特别是"十二五"期间，西部地区石油勘探在鄂尔多斯盆地姬塬、陕北、环江地区，准噶尔盆地西北缘，塔里木盆地塔河、哈拉哈塘等地区获得 8 项重大成果，探明石油地质储量超 20 亿吨，占全国同期重大发现的 90%以上。勘探大发现和石油储量的持续增长，助推西部地区石油产量快速增长。石油产量由 2001 年的 3 182 万吨，增长到 2017 年的 5 494 万吨，年均增长 145 万吨，占全国年均增量的 82%。2017 年西部地区石油产量占到全国产量 1/3，比重较 2001 年上升 14 个百分点。西部地区已成为弥补东部产量递减、推动我国石油产量持续增长的重要接替力量。全国 1950~2017 年石油产量增长趋势见图 2-2。

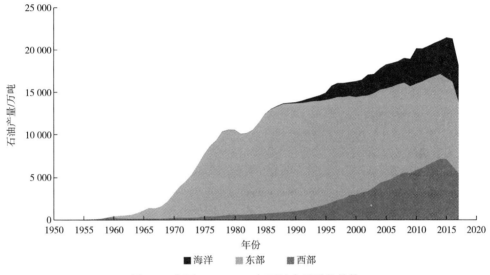

图 2-2　全国 1950~2017 年石油产量增长趋势

　　基于勘探现实与接替领域和开发技术水平分析，西部地区石油产量在国内持续发展中的地位更加重要。石油勘探方面，鄂尔多斯盆地中生界大面积岩性油藏、准噶尔盆地玛湖凹陷大面积岩性油藏、塔里木盆地海相碳酸盐岩、柴达木盆地英雄岭地区仍然是近期的增储重点；准噶尔盆地腹部和准东、塔里木盆地碎屑岩、麦盖提斜坡碳酸盐岩等勘探前景较好，是未来的持续探索区域。石油开发方面，西部油田的常规水驱开发技术已经成熟，占探明储量主体的特低渗、碳酸盐岩、超稠油等低品位复杂油藏的主要开发技术已经基本攻关成功，配套技术基本完善，大幅度提高采收率的技术已见到效果，已具备将探明储量规模转化为产量的技术基础。基于以上分析，从中长期来看，西部地区的石油产量仍将保持增长趋势，对东部油田的接替作用将更加显著，在国内石油生产中的战略地位将日渐突出。

2. 西部地区是国内天然气持续增长的重要依托

　　西部地区发育气层气、致密气、页岩气和煤层气等多种类型天然气，且剩余资源丰富。根据中国石油第四次油气资源评价结果,西部地区常规气资源量 34.5 万亿立方米、致密气资源量 19.2 万亿立方米,分别占全国的 44%、85%。截至 2017 年底累计探明天然气(常规气+致密气)15.96 万亿立方米,探明率 29%,待探明天然气资源量 37.8 万亿立方米,勘探潜力巨大。西部地区页岩气、煤层气资源量分别为 67.7 万亿立方米和 22.7 万亿立方米,截至 2017 年底累计探明页岩气地质储量 9 208 亿立方米、煤层气 6 254 亿立方米,探明程度极低,尚处于勘探起步阶段。“十二五”期间,西部地区展现出巨大勘探前景,其中,在四川龙岗、安岳、元坝、涪陵焦石坝、蜀南长宁—威远共探明天然气 1.5 万亿立方米,鄂尔多斯苏里格、鄂尔多斯盆地东部地区、靖西、延安共探明天然气 6 992 亿立方米,塔里木库车探明 4 336 亿立方米,柴达木盆地木东坪探明 519 亿立方米。

西部地区天然气产量占全国八成以上,已建成鄂尔多斯盆地、四川盆地、塔里木盆地三大天然气生产基地。我国天然气勘探开发始于四川盆地,受基础设施影响,很长一段时期我国天然气消费主要集中在四川和全国主要油气田周围地区,天然气市场规模较小。2000 年以来,随着经济社会发展对天然气需求的提升及基础设施的完善,天然气勘探实现四川盆地向鄂尔多斯、塔里木扩展,天然气迎来大发展时代。2001~2017 年全国累计探明天然气地质储量 15.96 万亿立方米,其中西部地区为 13.09 万亿立方米,占全国的 82%。天然气产量也由 2000 年的 280 亿立方米快速增长到 2017 年的 1 448 亿立方米,其中,西部地区天然气产量由 2000 年的 167 亿立方米增长到 2017 年的 1 240 亿立方米,占比也由 59.6%提升到 85.6%,成为推动我国天然气大发展的主要力量。截至 2017 年底,西部地区已形成鄂尔多斯盆地、四川盆地、塔里木盆地三个探明地质储量超万亿立方米、年产量超 200 亿立方米的大气区,2017 年三个盆地天然气产量分别达到 450 亿立方米、396 亿立方米(含页岩气)、269 亿立方米。

西部地区常规天然气开发方兴未艾,致密气和海相页岩气已实现规模效益开发,煤层气完成工业化起步。未来,多类型天然气共同发展,将推动西部地区天然气产量持续增长,为气化中国和保障天然气供应安全做出重要贡献。

3. 西部地区是我国重要油气管输通道和储备基地

西部地区自身油气资源丰富,现已建有鄂尔多斯 7 000 万吨级油气生产基地、新疆 5 000 万吨级油气生产基地和四川 3 000 万吨级天然气生产基地。同时,区位优势明显,西部地区是连接中亚—俄罗斯的重要枢纽,现已建成中哈原油管道、中亚天然气管道;国内建成西部石油管道,西气东输管线、二线、三线,川气东送管线等能源输送大通道,成为向东、中部地区提供能源保障的战略支撑。特别是新疆地区,截至 2017 年底,新疆作为我国能源陆上大通道,已建成 4 条出疆管线,其中原油 1 条、天然气 3 条,形成 2 000 万吨/年原油、770 亿米^3/年天然气的管道出疆东输能力，建成原油储备库 700 万立方米，工作气量 45 亿立方米的储气库，为我国能源安全奠定了坚实的基础。

（三）新疆油气产业发展事关长治久安和民生大局

1. 新疆油气产业发展事关地方长治久安和全国改革发展稳定大局

新疆的局势事关全国改革发展稳定大局，事关祖国统一、民族团结、国家安全，事关实现"两个一百年"奋斗目标和中华民族的伟大复兴。为落实党中央治疆方略，实现社会稳定和长治久安的新疆工作总目标，新疆维吾尔自治区各级人民政府采取了一系列措施。按照"挖存量、减增量、铲土壤"原则，对暴力恐怖、民族分裂、宗教极端"三股势力"实施坚决、精准打击。在推进城镇网格化管理、织密城乡维稳防控网络的同时，抓早抓小、加大群防群治预警能力。将地方财政收入的 70% 用于保障改善民生，并实施访民情、惠民生、聚民心这一治本之策。加快新疆油气产业发展，为新疆长治久安提供财力支持、促进行业稳定、促进社会稳定，是油气产业的重要政治责任。

2. 新疆油气产业发展事关自治区经济繁荣发展大局

新疆地区油气资源丰富，是新疆地区经济发展支柱。2017 年石油、天然气产量分别为 2 628 万吨、304 亿立方米，分别占全国油气产量的 13.7%、20.6%。根据新疆维吾尔自治区统计局数据，2017 年新疆十大重点产业增加值占规模以上工业增加值的比重中，油气产业占到工业增加值比重的 36%（图 2-3）。加大新疆地区的油气勘探开发和炼化储运发展，通过投资、就业、产业链发展和消费"四个推动"能极大地带动和促进新疆地区的发展，推动新疆地区的长治久安，是油气产业的重要社会责任。

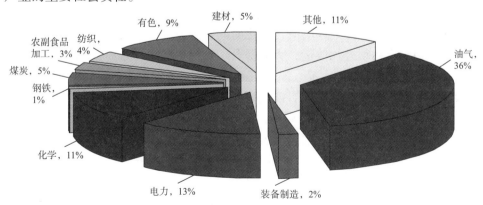

图 2-3　2017 年新疆十大重点产业增加值占规模以上工业增加值比重

3. 新疆特色炼化产业基地建设事关促进地方经济和民生水平的大局

炼化企业在新疆工业企业中具有重要地位。截至 2017 年底，新疆基本有机化工原料、合成纤维原料已形成以下生产能力：PX 100 万吨、精对苯二甲酸 10 万吨、乙二醇 30 万吨。新疆石化基地发展建设将为新疆经济发展提供更有力的支撑。

新疆是我国少数民族聚居区，其少数民族人数占比已超过 50%。就业是新疆最大的民生问题，民生牵动民心，民心决定稳定和谐。新疆是我国产棉大省，2010~2017 年棉花产量占全国棉花产量的 41.6%~83.2%。纺织服装产业属于劳动力密集型产业，产业链较长，具有较强的就业吸纳能力。新疆石化基地建设及芳烃产业链延伸可大力推动当地的混纺发展，并有助于加大棉花在当地加工比例，有利于工业反哺农业，形成以工带农、工农互惠的局面。

上述已形成的生产能力及拟于"十三五"建设的合成纤维项目及其上游相关项目将对新疆当地的纺织业，特别是混纺形成一定支撑，为提高新疆就业率、促进经济发展和推动当地新型城镇化进程做出一定贡献，在逐步缩小城乡差距的同时增进民族团结。因此，新疆石化基地发展建设对促进地方经济和提升民生水平具有重要意义。

二、西部地区油气发展的挑战和问题

（一）西部地区油气地质条件复杂，勘探开发难度大

1. 地表条件复杂，多期成藏、多期改造，油气勘探难度大

西部地区主要含油气盆地地表条件为黄土塬、沙漠、山前等复杂地表区，施工难度大。西部地区剩余石油资源的 98%、剩余天然气资源的 81%，分布在山地、沙漠、黄土塬、高原和戈壁 5 类复杂地表区。

西部主要含油气盆地地质演化历史时间长，发育大型叠合盆地，经历多期成藏、多期构造运动叠加改造，大幅提升了油气成藏认识难度，特别是青藏高原隆升造成地下构造异常复杂。从油气发现看，主要发育为低渗-超低渗岩性油气藏、非均质性极强的碳酸盐岩油气藏、前陆冲断带超深层油气藏等，总体呈现碎屑岩以低渗-特低渗为主、碳酸盐岩以深层-超深层为主的特征。剩余石油、天然气资源中深层-超深层分别为 146 亿吨、13.8 万亿立方米，分别占剩余资源总量的 35%、47%。

西部地区复杂的地表条件与地下地质条件对地震高精度成像、油气成藏规律认识、有利区分布与优选、勘探目标识别和大规模勘探带来了严峻挑战。

2. 以复杂油藏和低品位石油储量为主，石油开发上产难度大

西部地区受地质条件影响，低渗透-致密油碎屑岩储量和超深层海相碳酸盐岩成为石油储量增长主体。"十一五"以来，西部地区新增石油探明储量中低渗-致密油储量占 65%、海相碳酸盐岩占 18%、稠油占 8%，低品位、复杂类型储量合计占到 91%（图 2-4）。其中，"十二五"期间，西部地区碎屑岩岩性地层领域探明石油地质储量 24.8 亿吨，占西部新增探明石油储量的 64%，较"十一五"基本持平；同期，致密油成为新增储量的重要组成，累计探明石油地质储量 3.39 亿吨，占比达到 9%，增幅较大；海相碳酸盐岩增储主要集中在塔里木盆地台盆区，深度普遍达到 6 000 米以深。

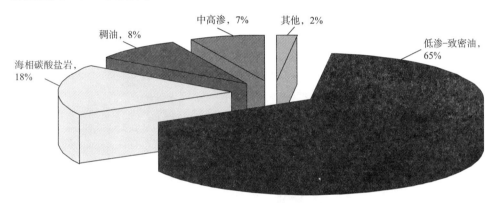

图 2-4 "十一五"以来西部新增探明石油储量构成

西部地区油藏类型复杂、储量品位低，这使得油藏开发普遍呈现采收率低、递减率高的态势（图 2-5 和图 2-6）。低渗砂岩油藏平均采收率只有 19.2%，碳酸盐岩油藏采收率平均 15.0%，致密油藏采收率平均 8.0%，远低于全国已开发油田采收率 29.4% 的平均水平。"十一五"以来投入开发的低渗透砂岩油藏初期递减率为 30%，致密油初期递减率为 40%，碳酸盐岩油藏初期递减率为 35%，超稠油油藏初期递减率为 40%，这四类油藏投产 10 年后产量不到投产时高峰产量的 10%，这意味着老油田保持稳产难，新区上产需要更大的投资和储量投入。

3. 天然气气藏类型复杂多样，非常规占比高，开发难度大

西部地区主要发育海相碳酸盐岩深层-超深层油气藏、前陆冲断带碎屑岩超深层高温高压天然气藏，以及致密气、页岩气、煤层气等多种类型复杂气藏。其中，鄂尔多斯盆地以致密气藏为主，单井天然气日产量不足 2 万立方米，且递减快，稳产难度大；塔里木盆地以超深层碎屑岩和碳酸盐岩气藏为主，库车构造带天然气藏深度已经达到 8 000 米，钻井周期长、单井投资大，台盆区碳酸盐岩

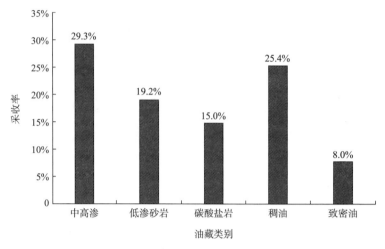

图 2-5　西部主要类型油藏采收率

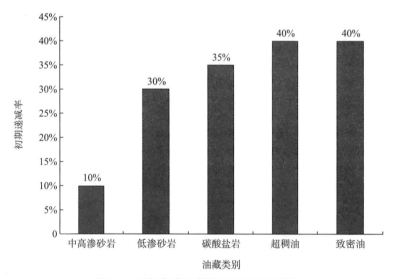

图 2-6　西部各类油藏产量初期递减率图

油气藏储量丰度低、单井递减快，靠井间接替实现稳产；四川盆地发育深层海相碳酸盐岩气藏、致密砂岩气和页岩气，天然气类型多样、硫化氢含量高，开发技术要求高、难度大。

（二）西部地区资源供给与需求不均，需要大范围长距离调配

1. 西北地区油气资源丰富，需大规模外输

西北地区是我国重要的油气生产基地，但地广人稀，油气需求量不足，需大

规模、长距离外输。2015年新疆、甘肃、宁夏、陕西、内蒙古等西北地区石油需求量4765万吨、天然气需求量359亿立方米；同年，上述地区石油产量6881万吨、天然气产量780亿立方米。石油和天然气外输量分别达到2116万吨、421亿立方米。考虑中亚—俄罗斯进口石油、天然气规模，石油外输量超过3000万吨、天然气外输量超过600亿立方米。

2. 西南地区油气分布不均，需大规模调入石油并外输部分天然气

西南地区天然气资源丰富，但石油产量严重不足。根据《2017年中国能源统计年鉴》，2015年广西、云南、贵州、四川、重庆等省、自治区和直辖市石油需求量7000万吨、天然气需求量287亿立方米；同年西南地区石油产量仅为66万吨、天然气产量302亿立方米。石油基本全部从外部调入，天然气部分向东部地区输送。预计未来外输量将不断增加。

3. 新疆地区炼化产业面临产品结构不合理、产业链较短、油气加工供大于求的态势，远距离外输导致竞争力不足等多重挑战

新疆地域辽阔、人口密度低，疆内油品、化工产品市场容量相对较小，新疆炼油化工产业面临四重挑战。虽然新疆已建成较为完善的石油加工产业体系，但仍面临诸多挑战：①区域内炼化企业加工原油种类繁多，原油质量差异较大，资源优化配置难度大；②炼化生产企业装置结构、产品结构不尽合理，重油加工以生产沥青、焦炭等黑色产品为主，均面临油品质量升级和降低柴汽比的双重挑战；③新疆地区炼化产业规模总体上位居国内中游水平，石化产品以大宗产品为主，产业链较短，深加工水平较低；④疆内油品、化工产品市场容量相对较小，大部分产品要销往疆外，对内地市场的依存度较高，2016年全疆炼油一次加工能力近3000万吨，原油加工量2301万吨，炼厂开工负荷为77%，成品油产量1428万吨；2016年自治区全年成品油消费量787万吨，出疆成品油641万吨，成品油出疆数量占产量的45%；出疆原油1156万吨，出疆天然气432亿立方米。但由于距离内地较远，带来了运输、销售费用增加和市场信息滞后等诸多问题。为增强竞争力，除满足疆内需求外，需发展特色优势产品。

（三）西北地区水资源短缺严重，生态环境脆弱

西部地区生态环境问题要分西南地区和西北地区。其中，西南地区降水充足，气候湿热，生态环境较为优越，但风景区、自然保护区等生态保护区量多、面广影响油气勘探开发生产活动；西北地区地处内陆，全年干旱少雨，生态环境十分脆弱，区域环境承载力低，许多区域的生态环境一旦遭破坏很难恢复。

根据《2017 中国生态环境状况公报》，全国降水量小于 400 毫米的区域主要分布在内蒙古中西部、陕西北部、宁夏、甘肃中西部、青海大部、西藏中部和西部、新疆大部等地区，涵盖了西北大部。县域生态环境为"较差""差"水平的地区也主要集中在西北地区，如内蒙古西部、甘肃中西部、西藏西部和新疆大部。

特别是新疆地区水资源严重不足：①新疆地区降水少，且分布不均。全疆多年平均降水总量为 2 544 亿立方米，折合降水深 155 毫米，但降水呈现北多南少、西多东少的特征。以策勒—焉耆—奇台为界，将新疆分为面积各半的西北部和东南部，西北部降水总量约占 80%，东南部降水量仅占 20%。②新疆河流以季节性河流为主，水量小且不均。新疆全疆共有大小河流 570 多条，年径流量小于 1 亿立方米的河流有 487 条，占 85%。且年内分配不均匀，春季占年降水量的 10%~20%，夏季占年降水量的 50%~70%，秋季占年降水量的 10%~20%，冬季占年降水量的 10%以下，水资源具有"春旱、夏洪、秋缺、冬枯"的特点。③新疆地区已知的油气资源富集区多位于水资源严重匮乏或生态环境极度脆弱的地区。根据《2017 新疆维吾尔自治区环境状况公报》，虽然新疆生态环境质量总体保持基本稳定，但是仍呈现部分改善与局部恶化并存的态势。截至 2016 年底，全区建立各级、各类自然保护区 34 个。其中国家级自然保护区 9 个，自治区级以上自然保护区 28 个。自然保护区总面积 2 257 万公顷，占自治区面积的 13.56%。

西北地区脆弱的生态环境要求油气勘探开发、炼化产业发展要始终树立环境保护理念，实现资源开发利用与环境保护统一。除此以外，受自然条件、历史等因素影响，西北地区基础设施建设欠账较多，特别是控制性水利工程和交通运输大通道建设滞后，工程性缺水问题突出，铁路、公路、机场密度均低于全国平均水平，水利和交通基础设施建设和完善是制约经济社会、支柱产业发展和升级的主要因素。

第三章　西部地区及周边油气发展潜力与前景

西部地区油气资源探明率低、剩余资源潜力大，在我国油气生产中的战略接替地位日益凸显。预计西部地区油气新增探明储量将占全国七成左右，依靠新技术大幅提高采收率，西部地区石油产量有望占我国陆上总产量的"半壁江山"，坚持常非并举、深浅并重，天然气产量有望实现"倍增发展"。统筹新疆内外两种资源、两个市场，立足现有基地优化升级，可构建具有国际竞争力的特色油气加工基地，实现"一带一路"能源枢纽核心作用。

一、西部地区石油发展潜力与前景

西部地区石油以鄂尔多斯、准噶尔、塔里木盆地为发展重点，以常规石油为主、致密油为辅，通过加大勘探投入和创新开发技术，2030 年前后可年新增石油探明地质储量 6 亿~7 亿吨，产量增至 8 000 万吨以上。下面将从新增储量前景和探明储量挖潜两方面，分析西部地区石油的勘探开发潜力。

（一）石油勘探增储潜力

1. 石油剩余资源潜力

西部地区石油资源丰富，总体处于勘探早中期阶段。据中国石油第四次油气资源评价，西部地区常规石油资源量432.9 亿吨，探明石油地质储量134.1 亿吨，资源探明率31.0%（表 3-1）；致密油资源量83.4 亿吨，探明地质储量 2.7 亿吨。分盆地看，鄂尔多斯、准噶尔、塔里木、柴达木盆地剩余石油资源量均超 30 亿吨，资源探明率分别为38%、27%、28%、17%，相对于东部地区而言，西部地区石油探明程度较低，具备深化勘探的潜力（图 3-1）。

表 3-1　西部地区常规石油资源评价结果汇总

盆地	地质资源量/亿吨	探明储量/亿吨	探明率
鄂尔多斯	116.5	60.70	52.1%

续表

盆地	地质资源量/亿吨	探明储量/亿吨	探明率
塔里木	75.06	24.18	32.2%
准噶尔	80.08	28.72	35.9%
柴达木	29.59	6.75	22.8%
吐哈	10.09	4.17	41.3%
三塘湖	4.48	1.17	26.1%
酒泉	5.11	1.71	33.5%
二连	13.39	3.40	25.4%
海拉尔	10.10	2.38	23.6%
其他	88.5	0.91	1.0%
合计	432.9	134.1	31.0%

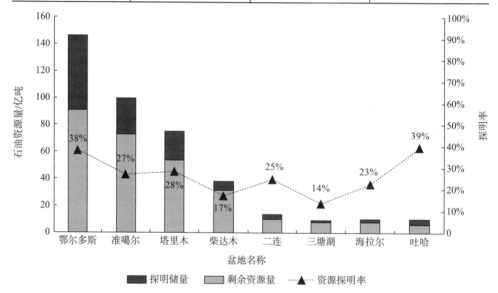

图 3-1　西部地区主要盆地石油剩余资源量与探明情况

西部地区剩余石油资源主要分布在碎屑岩岩性、海相碳酸盐岩、前陆冲断带、非常规等四大领域。如图 3-2 所示，在西部地区石油剩余资源中，碎屑岩岩性剩余石油资源量 119 亿吨，占西部地区剩余石油资源量 37%，是未来石油勘探重点；致密油剩余石油资源量 81 亿吨，占 25%，是未来勘探的重要补充；海相碳酸盐岩、碎屑岩构造和前陆冲断带待探明石油资源皆超过 30 亿吨，具备规模勘探的潜力。

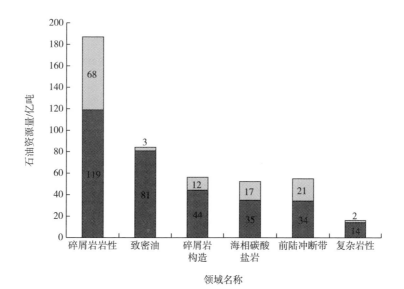

图 3-2 西部地区不同领域石油剩余资源量与探明情况

2. 重点领域及增储前景

碎屑岩岩性始终是西部地区石油增储的主体。"十二五"期间，碎屑岩岩性新增探明储量 24.8 亿吨，占石油新增储量的 64%，形成环江等 5 大规模储量区，陕北、姬塬、环玛湖斜坡、柴西南深层、库车南斜坡多点获得突破，展示良好勘探前景。未来立足鄂尔多斯、准噶尔和吐哈三大盆地的 13 个有利区带，有望实现持续储量增长（表 3-2）。

表 3-2 西部地区碎屑岩岩性领域未来重点增储区带

盆地	区带	资源量/亿吨	储量		2030 年前增储潜力/亿吨	领域类型
			已探明/亿吨	探明率		
鄂尔多斯	姬塬	32.4	13.0	40.1%	5	现实
	陕北	24.6	11.85	48.2%	5	
	镇北—合水	38	5.22	13.7%	10	
	华庆	20.5	6.94	33.9%	3	
	盐池—吴起、演武西侏罗系	8~10	—	—	—	接替
	定边—安边—吴起长 9、长 10	10~15	—	—	—	
准噶尔	环玛湖斜坡百口泉	10	0.7	7%	3	现实
	西北缘	33.4	18.2	54.5%	5	

续表

盆地	区带	资源量/亿吨	储量		2030年前增储潜力/亿吨	领域类型
			已探明/亿吨	探明率		
准噶尔	腹部侏罗—白垩系	5~10	—	—	—	接替
	环玛湖中下二叠—石炭系	10	—	—	—	
	沙湾—中拐	3~5	—	—	—	
	西北缘二叠	—	—	—	—	准备
吐哈	台北水西沟群	1.0	—	—	—	接替

海相碳酸盐岩是西部石油勘探的现实领域。西部地区海相碳酸盐岩待探明石油资源 34.7 亿吨，主要分布在塔里木盆地。目前，西部地区海相碳酸盐岩取得重要发现，展现了良好的勘探前景，"十一五"石油探明储量 4.9 亿吨，"十二五"探明储量 5.7 亿吨，增长 16.3%。

西部地区致密油快速发展，将成为我国未来石油勘探重要补充。西部地区致密油资源丰富，地质资源量 83.40 亿吨（表 3-3），2017 年底，已发现了我国第一个亿吨级致密油田，新增探明 1.01 亿吨，已建产能 190 万吨。初步以鄂尔多斯、准噶尔盆地为重点，评价落实Ⅰ级甜点区 1 500 平方千米，资源量 17 亿吨，在技术成熟的条件下，预计至 2030 年可新增储量 5 亿~8 亿吨。

表 3-3　西部地区致密油未来重点增储盆地

盆地	层位	面积/平方千米	地质资源量/亿吨	
			探明储量	总资源量
鄂尔多斯	T_3y^3 长 7	78 879	1.01	30.0
准噶尔	P	8 026	0.32	19.79
四川	J	53 010	0.81	16.13
柴达木	N+E	8 050	0.07	8.58
三塘湖	P	2 239	0.33	4.63
酒泉	K_1g^{2+3}	231	0.19	1.29
二连	K_1	896	—	2.98
西部合计		151 331	2.73	83.40

模型预测，常规石油与致密油可年新增探明地质储量 6 亿~8 亿吨。西部地区石油剩余资源丰富，未来发展潜力大。翁氏旋回模型预测表明，2017~2030 年，西部地区年均新增石油探明储量 6 亿~7 亿吨；若 2020 年后致密油实现规模效益

开发，年新增探明地质储量有望达到 8 亿吨；2031~2050 年，西部地区年均新增常规石油探明地质储量 5 亿~6 亿吨，致密油年均新增探明地质储量 1 亿吨左右，石油年均新增探明地质储量 6 亿~7 亿吨（图 3-3）。

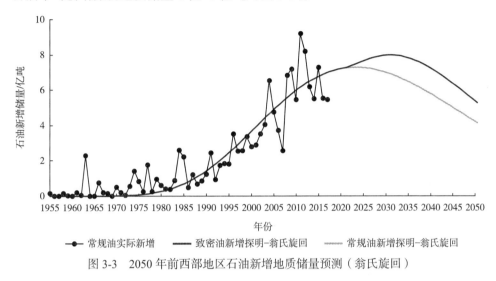

图 3-3　2050 年前西部地区石油新增地质储量预测（翁氏旋回）

依据盆地和领域分析，常规石油与致密油年新增探明地质储量 5 亿~7 亿吨。通过对比盆地及储量历史增长趋势，结合含油盆地的重点区带和领域分析，2030 年前鄂尔多斯、准噶尔、塔里木和柴达木四大盆地经过拓展、培育、准备 2 个 10 亿吨、12 个 5 亿吨、2 个 2 亿~3 亿吨级油区，有望形成 80 亿吨的增储规模，其中现实增储领域具备 40 亿~50 亿吨前景（表 3-4）。考虑新区新领域拓展，2030 年前具备累计新增 90 亿~100 亿吨探明储量潜力，年新增探明储量 6 亿~7 亿吨。根据储量增长的总体趋势，2030~2040 年降至 5 亿~6 亿吨、2040~2050 年降至 5 亿吨左右。

表 3-4　2030 年前西部地区石油未来重点增储盆地及区带

盆地	重点区带			资源量 /亿吨	2015 年累计探明 /亿吨	2016~2030 年预计探明 /亿吨	2030 年底探明率
	区带名称	勘探级别	增储潜力级别 /亿吨				
鄂尔多斯	镇北—合水	拓展	10	146.6	54.7	43	66.6%
	姬塬	拓展	5				
	华庆	拓展	5				
	陕北	拓展	5				
	延安	拓展	5				
	长 7 致密油	培育	10				

续表

盆地	重点区带			资源量 /亿吨	2015 年累 计探明 /亿吨	2016~2030 年预计探明 /亿吨	2030 年底 探明率
	区带名称	勘探级别	增储潜力级别 /亿吨				
准噶尔	环玛湖 P-T	拓展	5	99.9	26.4	17.5	43.9%
	西北缘	拓展	5				
	腹部	准备	5				
	准东	准备	5				
	吉木萨尔	培育	5				
塔里木	塔北	拓展	5	75.1	23.9	17	54.5%
	塔中	培育	5				
	库车南斜坡	准备	3				
柴达木	柴西南	拓展	5	37.1	6.3	6	33.2%
	致密油	准备	2				

　　鄂尔多斯、准噶尔、塔里木和柴达木四大盆地是未来石油储量增长的主要贡献者。综合领域和模型分析,预计到 2030 年西部地区在鄂尔多斯、准噶尔和塔里木等盆地年均新增探明石油地质储量保持 6 亿~7 亿吨高峰增长,占全国 65%左右,2016~2030 年预计累计探明 92.5 亿吨。2016~2030 年,鄂尔多斯、准噶尔、塔里木和柴达木盆地累计新增石油探明地质储量 44 亿吨、17.5 亿吨、17 亿吨和 6 亿吨,合计占到西部地区的 90%左右。届时前三大盆地石油探明率均超过 50%,逐步进入勘探中后期,增储规模下降,2031~2050 年,新增储量规模将出现显著下降(图 3-4)。

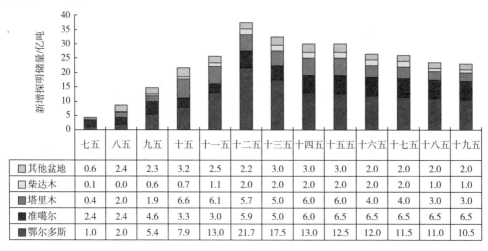

时期	七五	八五	九五	十五	十一五	十二五	十三五	十四五	十五五	十六五	十七五	十八五	十九五
■其他盆地	0.6	2.4	2.3	3.2	2.5	2.2	3.0	3.0	3.0	2.0	2.0	2.0	2.0
□柴达木	0.1	0.0	0.6	0.7	1.1	2.0	2.0	2.0	2.0	2.0	2.0	1.0	1.0
■塔里木	0.4	2.0	1.9	6.6	6.1	5.7	5.0	6.0	6.0	4.0	4.0	3.0	3.0
■准噶尔	2.4	2.4	4.6	3.3	3.0	5.9	5.0	6.0	6.5	6.5	6.5	6.5	6.5
■鄂尔多斯	1.0	2.0	5.4	7.9	13.0	21.7	17.5	13.0	12.5	12.0	11.5	11.0	10.5

图 3-4　2050 年前西部地区石油新增探明地质储量前景

（二）石油开发潜力

1. 探明已开发油田，提高采收率潜力

西部地区油田采出程度低。从开采程度来看，目前西部地区已开发油田总体处于高含水中采出阶段，综合含水 67.7%，可采储量采出程度 54.1%，相比已处于"高含水、高采出阶段"的东部油田仍有较大的开发潜力（图 3-5）。西部各油田除了开发时间较长的玉门油田、新疆油田和开采速度较快的塔里木油田外，其他油田的含水率和采出程度相对不高。年产油在 2 000 万吨以上的长庆油田综合含水 58.2%，可采储量采出程度 38.0%，仍然处于中含水和中低采出阶段；年产油在 1 000 万吨以上的新疆油田已进入高含水高采出阶段；年产油在 500 万吨以上的塔里木油田已进入高含水高采出阶段，塔河油田还处于中含水中采出阶段。

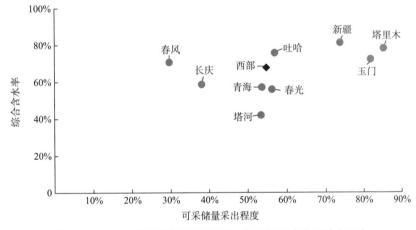

图 3-5　2016 年西部地区部分油田含水率与可采储量采出程度

复杂油田提高采收率的技术取得重要进展。"十五"以来，随着西部地区各类复杂油藏开发技术攻关的突破，实现了塔里木沙漠油田、长庆油田特低渗-超低渗油田、塔河和塔里木的碳酸盐岩油田、新疆超稠油油田的规模有效开发。截至 2017 年底，累计动用石油地质储量 107 亿吨，动用石油可采储量 21.1 亿吨，采收率 19.8%，石油产量达到 6 500 万吨以上。

已开发油田提高采收率潜力大，可增加可采储量 5 亿~9 亿吨。研究表明，准噶尔盆地砂岩、砾岩水驱油藏通过精细水驱结合聚合物驱和二元复合驱的开发模式，即二三结合开发模式，采收率可提高 16 个百分点左右；轻质油和高温高盐油藏通过精细水驱结合以烃气和氮气驱为主、化学驱为辅的开发模式，采收率可提高近 14 个百分点；普通蒸汽吞吐开采稠油转换为蒸汽驱开采，采收率可提高近 6 个百分点，特稠和超稠油采用火驱和 SAGD（steam assisted gravity drainage，即蒸

汽辅助重力驱油）开发技术，采收率可提高 20 个百分点以上。采用已开发油田可采储量增长规律分析、典型区块解剖分析、同类油藏类比分析等，对已开发油田的开发潜力进行测算。经测算，至 2050 年，已开发油田一方面加强水驱油田精细注水和注采系统综合调整努力减缓递减；另一方面中高渗油田通过规模推广"二次开发+三次采油"，低渗透油田推广水平井缝网压裂和气驱，稠油油田推广火驱、SAGD、蒸汽驱，碳酸盐岩油藏推广注气、注水替油等提高采收率技术，预计可提高采收率 6~10 个百分点，增加可采储量 5.3 亿~8.8 亿吨。

探明已开发提高采收率的重点在鄂尔多斯、准噶尔和塔里木盆地。其中，鄂尔多斯盆地通过精细注水改善水驱、注气及化学驱，提高特低渗和超低渗油藏采收率，预计可增加可采储量 2.2 亿~3.7 亿吨；准噶尔盆地稀油通过精细注水、二三结合开发，稠油转换开发方式，扩大蒸汽驱、SAGD 和火驱规模，预计可增加可采储量 1.4 亿~2.4 亿吨；塔里木盆地碎屑岩油藏通过精细注采系统调整、二三结合开发，碳酸盐岩油藏加强注水、注气、侧钻和加密等工作，预计可增加可采储量 0.7 亿~1.2 亿吨。

2. 探明未开发储量动用潜力

探明未开发储量规模大，以低品位储量为主。2017 年底已探明未开发储量 38 亿吨，主要分布在长庆、新疆、塔里木、青海、塔河等油田。造成探明未开发的主要原因，一是油藏类型为超低渗、超稠油、碳酸盐岩、致密油等复杂油藏，开发技术难度大、经济效益较差；二是处于环境保护区或者城镇；三是央企矿权被地方企业抢占；四是部分储量不落实，等待核销。

探明未开发储量可增加可采储量 4.2 亿吨，以鄂尔多斯、准噶尔和塔里木盆地为主。根据已探明未开发储量的分类评价结果和探明储量动用规律、典型区块分析等方法，对探明未开发储量的开发潜力进行测算。经测算，至 2050 年，通过规模应用水平井、体积压裂、空气驱、二氧化碳驱、蒸汽驱、火驱、SAGD 等开发技术，探明未开发储量预计可动用 22.5 亿吨，增加可采储量 4.2 亿吨。其中，鄂尔多斯盆地采用非常规油藏开发技术、转换开发方式动用难采特低、超低渗储量，预计可增加可采储量 2.2 亿吨；准噶尔盆地稀油油藏采用水平井体积压裂、注气等方式，稠油采用 SAGD、火驱等方式，预计可动用可采储量 1.4 亿吨；塔里木盆地加强碳酸盐岩油藏的缝洞体刻画研究，采用注水、注气等方式补充地层能量，预计增加可采储量 0.9 亿吨。

3. 致密油可动用储量潜力

致密油资源丰富，已建成百万吨产能。西部地区致密油主要分布在鄂尔多斯盆地三叠系延长组长 7，准噶尔盆地二叠系芦草沟组，三塘湖盆地二叠系芦草沟组、条湖组，柴达木盆地扎哈泉凹陷 N1，四川盆地侏罗系和二连盆地白垩系，地质资源量 83.4 亿吨，占全国致密油总资源量近 70%。自 2010 年起，在鄂尔多斯盆地三叠系延长组长 7、准噶尔盆地二叠系芦草沟组和三塘湖盆地二叠系芦草沟组等油层开展了致密油开发先导试验，重点攻关致密油层的水平井+体积压裂等有效开发技术，目前已取得重要进展。截至 2015 年底，致密油产量达到 111 万吨，其中鄂尔多斯盆地产量达 95 万吨，占西部致密油产量比例约 86%。受低油价影响，截至 2017 年底，西部地区致密油年产量在 90 万吨左右，致密油有望成为常规石油的重要补充。

致密油类型复杂多样，资源品位低、递减快，效益开发难度大。我国陆相致密油的总体特征表现为类型多、岩性多样、储层物性差、横向变化大、油水关系复杂。我国致密油以正常地层压力和低压为主，需要采取水平井+体积压裂技术进行开发，总体经济性偏差。2012 年起，中石油、中石化相继在长庆、新疆、吉林等油区围绕开发方式、井网、技术等方面开展致密油开发试验，但在低油价下实现规模有效开发困难较大。一是与常规油气资源相比，致密油勘探开发建设成本高、投入大。由于致密油勘探需要采用水平井+体积压裂开发技术，投资成本比常规油气资源高。二是关键开发技术还有待突破。不同井网、不同开发方式现场试验表明，长水平段+体积压裂是目前较好的开发方式，初期单井产量高，但递减率较快（第一年可达 30%~40%），开发模式及补充能量方式仍需进一步探索。三是经济效益差，生产企业利润率低。在目前投资、开发技术和税费政策下，即使按油价 80 美元/桶测算，长庆、新疆等致密油试验区也均无经济效益。

强化关键技术攻关，预计未来致密油可动用可采储量 6 亿吨左右。未来通过攻关水平井体积压裂技术，完善能量补充方式，大幅度降低单井投资，延长油井稳产期，有望实现致密油的有效开发。经初步评价，西部地区致密油甜点区近期可以升级可动用的 I 级资源占 21%，通过技术攻关可经济动用的 II 级资源占 34%，目前无法经济动用的 III 级资源占 45%。按照资源探明规律和储量动用规律，预计可探明致密油地质储量 45.7 亿吨，可动用地质储量 41.1 亿吨，动用可采储量 6.3 亿吨。其中，鄂尔多斯盆地可新增致密油可采储量 2.6 亿吨，四川盆地增加可采含量 1.4 亿吨，准噶尔盆地新增可采储量 1.0 亿吨，三塘湖盆地新增可采储量 0.8 亿吨，其他盆地新增 0.5 亿吨。

（三）西部地区石油产量前景判断

从已开发油田、已探明未开发储量和新增探明储量三个方面，对油田开发潜力进行分析。结果表明，至 2050 年西部地区常规石油具备新增动用 30 亿~38 亿吨可采储量的潜力。开发潜力主要集中在鄂尔多斯、准噶尔和塔里木盆地，利用常规技术开发，预计增加可采储量潜力分别为 15.9 亿吨、6.9 亿吨和 5.8 亿吨。在油田开发形势分析和开发潜力预测的基础上，采用储采比控制和产量构成法预测西部地区石油产量发展趋势。

1. 常规石油产量变化趋势

按照"十一五"以来的西部地区油田开发规律、开发潜力和开发技术的发展趋势，对常规石油产量趋势设计两个情景。

情景一（常规技术情景）：预测期内平均油价在 80 美元/桶以内，油田开发以采用目前常规成熟技术，储量动用率、采收率、递减率等指标保持"十二五"水平。

情景二（技术发展情景）：预测期内平均油价在 80 美元/桶以上，老油田"二次开发+三次采油"等提高采收率技术进一步发展并规模实施，超稠油、碳酸盐岩等低品位复杂油藏有效开发技术得到推广，储量动用率、采收率、递减率等指标在"十二五"水平上有所提高。

采用储采比控制法预测产量趋势，结果见图 3-6。按常规技术情景，随着油田开发程度加深及资源劣质化，采用常规成熟技术要保持石油产量增长趋势的难度较大，石油产量将呈现下降趋势。其中，"十三五"期间石油产量将保持 6 800 万吨左右的基本稳产，到 2030 年产量将小幅下降至 6 500 万吨左右，到 2050 年产量在 5 800 万吨左右。

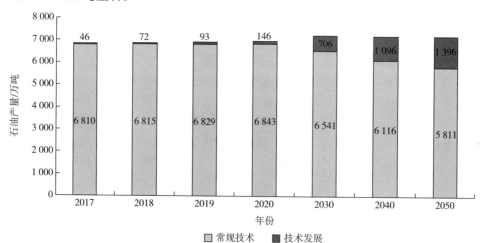

图 3-6　西部地区常规石油产量趋势图

按技术发展情景，由于技术进步，老油田提高采收率、新区储量动用率和采收率等开发指标比"十二五"水平进一步提高，动用可采储量在常规技术基础上再增加 7.5 亿吨，这样，石油产量将在 2030 年保持上产趋势，到 2050 年保持基本稳产。其中，"十三五"期间由 6 800 万吨左右的规模小幅上产到 7 000 万吨左右规模，到 2030 年产量增长至 7 250 万吨左右，之后到 2050 年保持 7 200 万吨以上稳产。

2. 致密油产量变化趋势

西部地区致密油从 2011 年开始进行开发试验，重点攻关水平井+体积压裂等有效开发技术，至 2017 年底，产量达到 90 万吨，以鄂尔多斯盆地为主。开发方式主要为天然能量开采，产量递减大（初期在 30% 以上）、采收率低（在 8% 左右）。

根据"十二五"以来对致密油开发的认识、开发潜力和技术发展趋势，设计了三个致密油产量趋势情景。

情景一（常规技术情景）：预测期内平均油价在 80 美元/桶以内，开发以目前常规成熟技术为主，储量动用率、采收率、递减率等指标保持"十二五"水平。

情景二（技术发展情景）：预测期内平均油价在 80 美元/桶以上 90 美元/桶以内，有效开发技术获得成功并规模应用。

情景三（技术突破情景）：预测期内平均油价在 90 美元/桶以上，提高采收率技术获得突破。

采用产量构成法对产量趋势进行预测，结果见图 3-7。按常规技术情景，"十三五"期间，仍将以技术攻关和开发试验为主，到 2020 年产量达到 90 万吨，到 2030 年产量达到 174 万吨，到 2050 年产量达到 325 万吨。

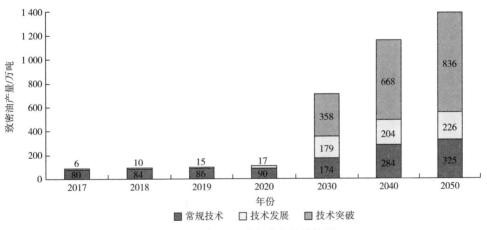

图 3-7　西部地区致密油产量趋势图

在常规技术的基础上，通过技术发展，到 2020 年产量可增加 17 万吨，达到 107 万吨，到 2030 年产量再增加 179 万吨，达到 353 万吨，到 2050 年产量再增加 226 万吨，达到 551 万吨。

在以上的基础上，2020 年以后提高采收率技术进一步突破，到 2030 年产量可再增加 358 万吨，达到 711 万吨，到 2050 年产量再增加 836 万吨，达到近 1 387 万吨，成为常规石油的重要补充。

3. 西部地区石油产量变化趋势

根据产量趋势，继续采用常规较为成熟的水驱、热采和三采等技术，西部地区石油产量将呈下降趋势，到 2030 年降至 6 700 万吨左右，到 2050 年降至 6 100 万吨左右；通过技术发展，规模推广水驱和稠油油田的"二次开发+三次采油"大幅提高采收率技术及碳酸盐岩、致密油等低品位油田有效开发技术，到 2030 年西部地区产量可增长至 7 600 万吨，到 2050 年达到 7 700 万吨；如果开采技术实现重大突破，西部地区石油产量有望在 2030 年前后增长至 8 000 万吨以上，成为陆上石油生产"半壁江山"（图 3-8）。

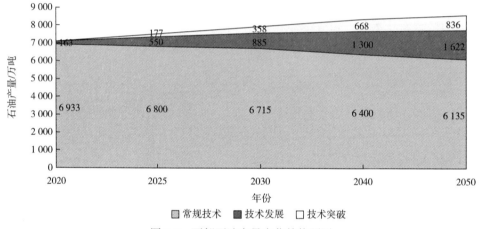

图 3-8 西部石油产量变化趋势预测

致密油将成为西部地区常规石油的重要补充，重点攻关鄂尔多斯盆地延长组长 7、准噶尔盆地二叠系芦草沟组、三塘湖盆地二叠系芦草沟组，以及四川盆地侏罗系等区域，其产量占比将于 2050 年增长到西部总产量的六分之一（图 3-9）。

以新疆地区和鄂尔多斯盆地为发展重点，攻关勘探开发技术，创新体制机制和管理，配套国家政策，提高老油田采收率、增加低品位储量和致密油的动用程度。在技术突破情形下，新疆、陕西、甘肃是西部地区重要的生产省份，这些地区石油产量占西部的 90%以上。鄂尔多斯盆地石油产量在 2050 年前将保持增长趋势，比例占到西部地区石油总产量的四成以上。新疆地区的主要含油盆地，如准噶尔、塔里木、吐哈等，其石油产量在 2050 年前将保持增长趋势，占比为西部地区总产量的近一半。

按照技术突破情景，重点盆地总体表现为产量持续增长的态势。其中，鄂尔

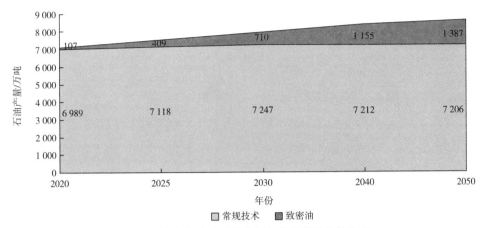

图 3-9　技术突破后西部常规与非常规油产量构成

多斯盆地通过常规低渗、特低渗油田稳产和 2020 年后致密油规模开发，2020 年、2035 年、2050 年石油产量分别有望达到 2 900 万吨、3 300 万吨、3 500 万吨以上。准噶尔盆地实施老油田"二次开发+三次采油"，突破技术瓶颈，规模开发动用难采储量和致密油资源，2020 年、2035 年、2050 年石油产量分别有望达到 1 400 万吨、1 600 万吨、1 700 万吨左右；塔里木盆地强化老油田精细注采调整和注气开发技术应用，碳酸盐岩油藏提高储量动用率、钻井成功率，有效降低递减率，2020 年、2035 年、2050 年石油产量分别有望达到 1 300 万吨、1 450 万吨、1 500 万吨左右；柴达木盆地提高老油田开发效果，加大新储量勘探评价，石油产量小幅提升至 2020 年的 250 万吨、2035 年的 280 万吨和 2050 年近 300 万吨。吐哈、酒泉、二连等众多中小盆地 2020 年、2035 年、2050 年石油产量合计分别达到 1 300 万吨、1 450 万吨和 1 500 万吨以上（图 3-10）。

图 3-10　技术突破后西部盆地石油产量变化

鄂尔多斯盆地石油产量按自然资源部统计口径，其他部分包括延长石油公司部分产量

二、西部地区天然气发展潜力与前景

西部地区是我国最主要的天然气生产区，目前已发现气田 183 个，其主要分布在鄂尔多斯、塔里木、四川、柴达木等盆地。"十五"以来，西部地区天然气勘探开发步伐加快，鄂尔多斯、塔里木、四川、柴达木等盆地已建成多个规模化天然气生产基地，2017 天然气产量 1 219 立方米，贡献全国天然气产量的 82.3%，为我国天然气快速发展奠定了坚实的基础。

（一）天然气勘探增储潜力

1. 西部地区天然气资源潜力

西部地区常规、非常规天然气待探明资源合计超 100 万亿立方米。常规天然气资源探明率 30%，剩余资源量 37.8 万亿立方米，其中塔里木、四川盆地剩余天然气资源均超 8 万亿立方米，柴达木、准噶尔盆地剩余资源超 2 万亿立方米，具有较大勘探潜力（表 3-5 和图 3-11），非常规天然气中剩余资源量 11.82 万亿立方米，页岩气剩余地质资源量 67.16 万亿立方米。从领域分布看，西部地区剩余天然气资源以致密气、海相碳酸盐岩、前陆冲断带为主，上述领域的剩余天然气资源量分别为 11.82 万亿立方米、15.48 万亿立方米、6.92 万亿立方米，分别占西部地区总剩余资源量的 29%、39%、17%，是未来勘探重点（图 3-12）。

表 3-5 西部地区重点盆地常规天然气资源评价结果汇总

盆地	地质资源量/万亿立方米	探明储量/万亿立方米
鄂尔多斯	2.36	0.69
四川	12.47	3.60
塔里木	12.52	1.75
准噶尔	2.31	0.20
柴达木	2.96	0.36
吐哈	0.24	0.06
酒泉	0.04	0
海拉尔	0.08	0
合计	32.98	6.66

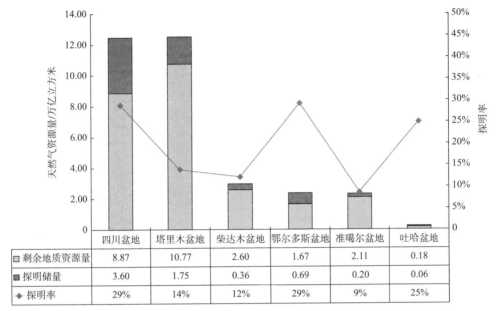

	四川盆地	塔里木盆地	柴达木盆地	鄂尔多斯盆地	准噶尔盆地	吐哈盆地
□ 剩余地质资源量	8.87	10.77	2.60	1.67	2.11	0.18
■ 探明储量	3.60	1.75	0.36	0.69	0.20	0.06
◆ 探明率	29%	14%	12%	29%	9%	25%

图 3-11　西部地区重点盆地常规天然气剩余资源量与探明情况

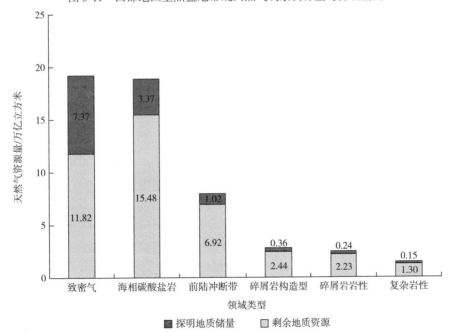

图 3-12　西部地区不同领域天然气剩余资源量与探明情况

　　海相碳酸盐岩是西部天然气勘探最现实领域。海相碳酸盐岩主要分布于四川、鄂尔多斯、塔里木等三大盆地，天然气资源量 18.85 万亿立方米，累计探明储量

3.37 万亿立方米。目前，西部地区海相碳酸盐岩取得重要发现，展现了良好的勘探前景，"十一五"探明储量 0.7 万亿立方米，"十二五"探明储量 1.2 万亿立方米，增长 71.4%。海相碳酸盐岩已成为我国油气勘探重要的战略接替领域。立足 3 大盆地 15 个区带，未来有望实现多区突破，储量稳定增长（表 3-6）。

表 3-6　西部地区海相碳酸盐岩领域未来重点增储区带

盆地	区带	资源量/亿立方米	探明情况		未来 15 年增储/亿立方米	类型
			探明储量/亿立方米	探明率		
塔里木	巴楚—塔中	12 000	4 012	33%	3 000	现实
	塔中（寒武系盐下）	4 000	—	—	—	准备
	古城南北垒带	5 100	—	—	1 000	接替
	满西低隆	—	—	—	—	准备
	巴楚寒武系盐下	—	—	—	—	准备
鄂尔多斯	鄂下古生界	25 000	6 547	26%	3 000	现实
	靖边下古盐下	1 000	—	—	1 000	接替
	东部奥陶系	—	—	—	—	准备
	中上元古界裂陷槽	—	—	—	—	准备
四川	川中龙王庙	42 600	4 404	10%	2 000	现实
	川中灯影组	24 400	2 171	9%	3 000	现实
	蜀南—川中（震旦—寒武）	5 000	—	—	—	准备
	川中（栖霞—茅口组）	5 000	—	—	—	准备
	川东震旦—寒武系	—	—	—	—	准备
	川东北二—三叠系礁滩	28 202	9 654	34%	—	准备

前陆冲断带是天然气勘探的重要领域。前陆冲断带主要分布在西部地区，其中，塔里木、准噶尔、柴达木、四川、鄂尔多斯盆地发育较为典型前陆冲断带。"十二五"期间形成了库车超深层万亿立方米大气区，柴西、塔西南、准南缘获得勘探突破，展现出前陆领域良好勘探前景。库车克拉苏构造带（克深—大北）探明天然气储量 6 110 亿立方米，三级储量 1.38 万亿立方米，阿瓦特、博孜、神木、迪北均已获得天然气突破。柴西阿尔金—祁连山前东坪气田探明天然气储量 519 亿立方米，三级储量 1 080 亿立方米，牛东、牛中、冷北均获天然气发现。塔西南柯东 1 井获工业油气流，苏 2 井钻遇泥盆系厚层砂岩气层，准南缘齐古 1 井获工业气流。未来立足塔里木、准噶尔、柴达木等重点盆地，主攻克深—大北地区、阿尔金—祁连山前等 9 个重点区带，2030 年前有望增储 1 万亿立方米，为西部地区天然气储量持续快速增长提供支持（表 3-7）。

表 3-7　西部地区前陆冲断带领域未来重点增储区带

盆地	区带	资源量/亿立方米	探明情况		2030年前增储/亿立方米	领域类型
			探明储量/亿立方米	探明率		
塔里木	克深—大北	30 000	6 110	20.4%	3 000	现实
	神木—博孜—阿瓦特	5 000	—		2 000	接替
	依奇克里克	3 500	221	6.3%	—	准备
	柯东、苏盖特	—				准备
	秋里塔格构造带	8 500	1 752	20.6%		准备
准噶尔	南缘乌奎背斜带	10 000	445	4.45%	2 000	接替
	西北缘掩覆构造	—				准备
柴达木	阿尔金—祁连山前	13 000	519	3.99%	1 000	现实
吐哈	北部山前	5 000	615	12.3%	300	接替

致密气是目前天然气储量持续增长的主体资源。我国西部致密砂岩气地质资源量 19.19 万亿立方米（表 3-8），占全国致密气储量的 90%，其主要分布在鄂尔多斯、四川和塔里木盆地。西部地区致密气近 10 年累计新增探明储量 2.67 万亿立方米，2015 年产量 330 亿立方米，占西部天然气总产量 29.4%。立足鄂尔多斯上古生界、四川须家河组+侏罗系等两个现实区，以及吐哈、准噶尔、塔里木等三个潜力区，2030 年前预计可新增致密气探明储量 3 万亿立方米。

表 3-8　西部地区致密气未来重点增储盆地

盆地	勘探面积/万平方千米	勘探层系	探明储量/万亿立方米	地质资源量/万亿立方米	剩余资源量/万亿立方米
鄂尔多斯	12	C-P	2.01	13.32	11.21
四川	12.9	T_3x+J	1.28	3.98	2.7
塔里木	56	J+K	0.05	1.23	1.18
吐哈	5.5	J	0.01	0.51	0.5
准噶尔	13.4	P_1j	0.01	0.15	0.14
合计				19.19	15.73

页岩气已实现工业起步，发展前景值得期待。初步评价西部地区页岩气资源量 67.7 万亿立方米（表 3-9），占全国页岩气资源量的 84%。其中，四川盆地海相页岩气发展前景最为可观，地质资源量约 44.6 万亿立方米。2017 年，探明页岩气地质储量 9 208.9 亿立方米，2017 年页岩气产量 90 亿立方米左右。

表 3-9　西部地区页岩气未来重点增储盆地　　　单位：亿立方米

盆地	层位	页岩气地质资源量		
		探明储量	剩余地质资源量	地质资源量
四川	Z-S、T、P	9 208.9	437 076.1	446 285
滇黔桂	Z-C	—	61 483	61 483
渝东—湘鄂西	Z-S	—	76 165	76 165
鄂尔多斯	C-P、T	—	77 813	77 813
柴达木	J	—	1 294	1 294
吐哈	J	—	2 481	2 481
准噶尔	P、J	—	7 817	7 817
塔里木	J	—	3 973	3 973
小计		9 208.9	668 102.1	677 311

2. 西部地区天然气增储潜力

西部地区天然气剩余资源丰富，勘探程度低，未来发展潜力大。据翁氏旋回模型预测，西部地区天然气仍将持续高峰增长，2016~2030 年累计新增天然气探明储量 11 万亿立方米，年均 7 400 亿立方米；2031~2050 年，西部地区年均新增天然气探明储量 7 000 亿立方米左右（图 3-13）。

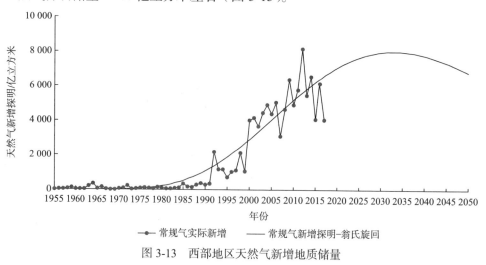

图 3-13　西部地区天然气新增地质储量

通过分析西部地区天然气重点领域、区带资源潜力和勘探准备情况，2030 年前立足于鄂尔多斯、四川、塔里木、柴达木、准噶尔五大重点盆地，2030 年前通过拓展、培育、准备 1 个 5 万亿立方米、5 个 2 万亿~3 万亿立方米、6 个万亿立方米气区，有望形成 20 万亿立方米以上的增储规模(表 3-10)，具备年均新增 7 000 亿立方米的增储前景。2031~2050 年，西部地区累计新增天然气探明储量 12.1 万亿立方米，年均 6 000 亿立方米左右，鄂尔多斯、四川、塔里木分别占 40%、24%、

27%（图 3-14）。

表 3-10　2030 年前西部地区重点盆地天然气增储潜力

盆地	重点区带			资源量/万亿立方米	2015 年底累计探明/万亿立方米	2016~2030 年探明/万亿立方米	2030 年底探明率
	区带	级别	增储潜力/万亿立方米				
鄂尔多斯	上古生界	拓展	5	15.68	3.56	4.4	50.76%
	下古生界	培育	2~3				
	台缘带	准备	1				
四川	川中震旦—寒武	拓展	2~3	15.98	3.44	2.6	37.80%
	川东北礁滩	培育	2~3				
	川西多层系	准备	1				
	川西北 P-T	培育	1				
塔里木	库车	拓展	2	12.97	1.69	2.6	33.08%
	塔中	培育	2				
	塔西南	准备	1				
柴达木	阿尔金山前	培育	1	2.96	0.36	0.6	14.19%
准噶尔	克拉美丽山前	培育	1	2.46	0.2	0.2	16.26%

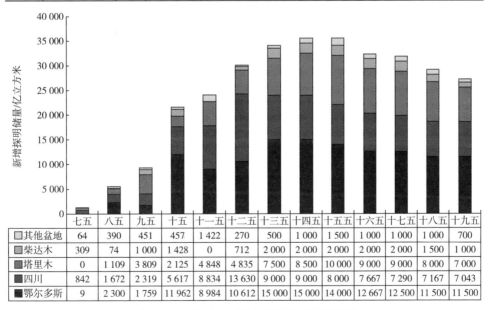

	七五	八五	九五	十五	十一五	十二五	十三五	十四五	十五五	十六五	十七五	十八五	十九五
其他盆地	64	390	451	457	1 422	270	500	1 000	1 500	1 000	1 000	1 000	700
柴达木	309	74	1 000	1 428	0	712	2 000	2 000	2 000	2 000	2 000	1 500	1 000
塔里木	0	1 109	3 809	2 125	4 848	4 835	7 500	8 500	10 000	9 000	9 000	8 000	7 000
四川	842	1 672	2 319	5 617	8 834	13 630	9 000	9 000	8 000	7 667	7 290	7 167	7 043
鄂尔多斯	9	2 300	1 759	11 962	8 984	10 612	15 000	15 000	14 000	12 667	12 500	11 500	11 500

图 3-14　西部地区天然气新增地质储量前景

综合领域分析和模型预测,立足于鄂尔多斯、四川、塔里木、柴达木等重点盆地,2030 年前西部地区年均新增探明储量 7 000 亿立方米,2031~2050 年年均新增探明储量 6 000 亿立方米。

(二)常规天然气开发潜力

截至 2017 年底,常规气累计探明地质储量 5.96 万亿立方米,可采储量 3.73 万亿立方米,2017 年产量 739 亿立方米。常规气产量潜力按照探明已开发储量、探明未开发储量和未来新探明储量三个层次进行剖析。

1. 探明已开发储量提高采收率潜力

西部地区探明已开发气田主要分布在塔里木盆地、四川盆地、鄂尔多斯盆地和柴达木盆地,大多处于稳产和递减阶段。通过对气田生产动态进行分析,截至 2015 年底,实际已开发地质储量 4.43 万亿立方米,美国 SEC(Securities and Exchange Commission,证券交易委员会)标定采收率 38.6%。从目前采收率来看,鄂尔多斯、四川、准噶尔和吐哈盆地采收率总体较低,通过鄂尔多盆地靖边气田、四川盆地老区与普光气田、准噶尔火山岩气藏等实施精细描述,寻找剩余气分布、补孔转层、打调整井、增压开采等系列措施,达到延缓老区递减的目的,预计 2030 年前采收率可提高 5.6 个百分点,增加可采储量 2 400 亿立方米。2015 年底西部常规气已开发气田预计增加可采储量见表 3-11。

表 3-11 2015 年底西部常规气已开发气田预计增加可采储量

盆地	已开发地质储量 /亿立方米	SEC 标定最终可采储量/亿立方米	SEC 标定采收率	采收率拟达到目标	拟增加可采储量 /亿立方米
四川	16 170	5 954	36.8%	45.7%	1 440
鄂尔多斯	9 759	2 759	28.3%	32.7%	429
塔里木	12 442	6 004	48.3%	51.1%	356
柴达木	3 612	1 667	46.2%	50.2%	145
准噶尔	1 780	564	31.7%	32.8%	19
吐哈	496	157	31.6%	43.5%	59
西部常规气	44 259	17 105	38.6%	44.2%	2 448

资料来源:全国油气矿产储量通报(2016)

2. 探明未动用储量动用潜力

通过对西部实际气田动态资料分析评价认为,西部探明未动用地质储量为 1.32 万亿立方米,比全国探明储量公报结果(探明未开发地质储量 2.27 万亿立方

米）要小，未动用储量主要赋存于碳酸盐岩气藏和凝析气藏中，扣除待落实储量
3 381 亿立方米，可供开发的储量实际为 9 857 亿立方米（表 3-12）。

表 3-12　2015 年底西部常规气探明未开发地质储量统计表　　　单位：亿立方米

盆地	储量公报结果			实际动态分析结果		
	探明地质储量	已开发	未开发	已开发	未开发	
					可开发	待落实
四川	24 692	11 766	12 926	16 170	7 026	1 496
鄂尔多斯	9 760	8 935	825	9 759		
塔里木	16 920	9 084	7 836	12 442	2 831	1 648
柴达木	3 612	3 096	516	3 612		
准噶尔	2 018	1 517	501	1 780		237
吐哈	497	450	47	496		
西部小计	57 499	34 848	22 651	44 259	9 857	3 381

资料来源：2016 年全国油气矿产储量通报、SEC 储量标定结果

根据探明未开发储量分类情况和储量类型，2030 年前分阶段逐步动用。
2016~2020 年评价出此期间可动用储量 7 256 亿立方米，2021~2030 年可动用储量
2 600 亿立方米；到 2030 年已探明未动用储量基本全部动用。2020 年前主要动用
川东北高含硫、安岳震旦系和塔里木盆地深层未动用储量，采气速度按 1%~2%测
算，预计可建成 113 亿~128 亿立方米产量规模；2021~2030 年动用四川盆地元坝、
普光和塔里木深层的未动用储量，采气速度按 2.5%测算，预计可建成 66 亿立方
米产量规模（表 3-13）。

表 3-13　西部常规气探明未开发储量可建产潜力表

盆地	气田（区块）	2015 年剩余未动用地质储量/亿立方米	2016~2020 年			2021~2030 年		
			动用储量/亿立方米	采气速度	新建产能/亿立方米	动用储量/亿立方米	采气速度	新建产能/亿立方米
四川	普光、元坝	4 617	600	2.5%	15	2 520	2.5%	63.6
	川东北高含硫、安岳震旦系	3 906	3 906	2%	70			
塔里木	深层	4 479	2 750	1%~1.5%	28~43	80	3%	2.4
合计		13 002	7 256	1%~2%	113~128	2 600	2.5%	66

3. 新增探明储量动用规模

根据西部资源潜力、重点勘探领域、探明程度等综合分析，预计 2016~2050
年将新增探明地质储量 9.3 万亿立方米，主要来自深层碳酸盐岩、碎屑岩和火山
岩领域，考虑储量动用难度，动用率设置 70%、80%、90%三种情景，预计可动

用地质储量分别为 6.51 万亿立方米、7.44 万亿立方米、8.37 万亿立方米，采气速度按 2%测算，未来新增储量可建产潜力在 1 300 亿~1 670 亿立方米（表 3-14）。

表 3-14　西部常规气未来新增探明储量动用与建产潜力

资源类型	动用率	动用储量/万亿立方米	采气速度	建产潜力/亿立方米
常规气	70%	6.51	2%	1 300
	80%	7.44	2%	1 488
	90%	8.37	2%	1 670

（三）非常规天然气开发潜力

非常规天然气主要包括致密气、煤层气、页岩气和天然气水合物。我国非常规气类型多，勘探开发起步晚，技术准备不足，但资源丰富，未来发展具有一定潜力。比照美国非常规油气的发展经验和发展历程，我国非常规气资源勘探与开发前景广阔。

1. 致密气开发潜力

西部致密气田已成功投入开发的主要有鄂尔多斯盆地上古的苏里格气田和大牛地气田、四川盆地的川西中浅层和川中须家河组气藏。至 2017 年底，致密气探明地质储量 4.33 万亿立方米、可采储量 2.10 万亿立方米，2017 年年产气量 348 亿立方米。致密气产量潜力同样按照探明已开发储量、探明未开发储量和未来新探明储量三个层次进行剖析。

截至 2015 年底，实际已开发地质储量 2.38 万亿立方米（比全国储量公报高），SEC 标定采收率为 16.5%。由于致密气单井产量低、初期递减快，下步通过对老区苏里格气田、大牛地气田及川中须家河组气藏和川西侏罗系气藏的井网储量动用状况、剩余气分布特征进行分析，采用加密调整、井间接替的开发模式进一步提高采收率，预计可提高近 9 个百分点，增加可采储量 2 100 亿立方米（表 3-15）。

表 3-15　2015 年底西部致密气已开发气田预计增加可采储量

盆地	已开发地质储量/亿立方米	SEC 标定最终可采储量/亿立方米	SEC 标定采收率	采收率拟达到目标	拟增加可采储量/亿立方米
四川	4 044	370	9.14%	13.52%	177
鄂尔多斯	19 740	3 558	18.02%	27.70%	1 910
吐哈	26	3	11.54%	11.08%	0
总计	23 810	3 931	16.5%	25.3%	2 087

资料来源：2016 年全国油气矿产储量通报、SEC 储量标定结果

对鄂尔多斯盆地和四川盆地探明未动用地质储量开展技术经济评价认为，探明的未开发储量 1.13 万亿立方米中，扣除须家河组气藏、苏里格和川西侏罗系等待核销及无效益储量，2030 年前实际只有 7 083 亿立方米可供开发。"十三五"、2021~2030 年预计分别动用 2 883 亿立方米、4 200 亿立方米，根据试采、开发方案和产建节奏分析，预计可建成 73 亿立方米产量规模（表 3-16）。

表 3-16　西部致密气探明未开发储量可建产潜力

盆地	已开发储量/亿立方米	未开发储量/亿立方米		2016~2020 年			2021~2030 年		
		待核销	待开发	动用储量/亿立方米	采气速度	产量规模/亿立方米	动用储量/亿立方米	采气速度	产量规模/亿立方米
四川	4 044	2 457	3 400	200	2%	4	3 200	1%	32
鄂尔多斯	19 740	1 678	3 683	2 683	1%	27	1 000	1%	10
吐哈	26	126							
合计	23 810	4 261	7 083	2 883	1.1%	31	4 200	1%	42

2010~2015 年，我国新增储量中致密气占比 40% 以上，随着勘探开发的深入，资源劣质化趋势加大，未来新增储量中致密气比例将超过 50%，预计 2016~2050 年可新增致密气探明地质储量 4.6 万亿立方米，考虑气价和技术进步，储量动用率按 60%、70%、80% 三种情景预测，可动用地质储量分别为 2.76 万亿立方米、3.22 万亿立方米、3.68 万亿立方米，采气速度按 1% 测算，预计每年可建产量规模在 280 亿~370 亿立方米（表 3-17）。

表 3-17　西部致密气未来新增探明储量和建产潜力分析

资源类型	动用率	动用储量/万亿立方米	采气速度	建产潜力/亿立方米
致密气	60%	2.76	1%	280
	70%	3.22	1%	322
	80%	3.68	1%	370

2. 煤层气开发潜力

截至 2017 年底，西部地区煤层气探明地质储量 1 907 亿立方米，2017 年产气量 12 亿立方米，目前在鄂尔多斯盆地保德区块实现效益开发；2017 年底已建成 25 亿立方米产能，预计 2020 年达产，具有 25 亿立方米产量潜力。据 2015 年全国油气动态资源评价结果，西部地区 1 200 米以浅煤层气地质资源量 17.5 万亿立方米，参照国内外已开发盆地（区块）探明率和采收率取值，预计 2016~2050 年可新增探明可采储量 1.9 万亿立方米，具备建成 400 亿立方米产量规模的潜力（表 3-18）。

表 3-18　西部煤层气新增可采储量预测及可建产量规模

资源分布	地质资源量/万亿立方米	探明率	采收率	新增可采储量/万亿立方米	可建产量规模/亿立方米
鄂尔多斯盆地	7.3	40%	40%	1.2	240
其他地区 800 米以浅	5.5	30%	30%	0.5	110
其他地区 800~1 200 米	4.7	20%	20%	0.2	50
总计	17.5			1.9	400

3. 页岩气开发潜力

截至 2017 年底,在四川盆地累计提交页岩气探明地质储量 9 209 亿立方米,可采储量 2 209 亿立方米,已在涪陵、长宁、威远和昭通国家级页岩气产业示范区实现商业开发,2017 年产气量 89.95 亿立方米;已建成产能 123 亿立方米,2018年达产并可稳产到 2020 年后。

当前,川渝地区加快发展的条件基本具备:①页岩气资源基础雄厚,根据中国石油第四次油气资源评价,川渝地区海相页岩气可采资源量 7.66 万亿立方米;②主力页岩层系明确,川渝地区共发育六套页岩地层,其中奥陶系五峰—龙马溪组页岩品质最优,沉积相带好、埋藏适中,开发效果好;③页岩储层横向分布连续、稳定,高效开发技术已突破,具备快速形成规模产量的能力。

未来页岩气勘探重点集中在以蜀南及其邻区海相为主体进行评价,西部地区四川盆地龙马溪组页岩气小于 3 000 米、3 000~3 500 米、3 500~4 000 米、4 000~4 500 米地质资源量共计 18.24 万亿立方米,参照页岩气不同埋深条件下的资源探明率和采收率取值,预计可新增探明可采储量 1.81 万亿立方米,按稳产 20 年、稳产期末采出可采储量的 60%测算,四川盆地川渝地区龙马溪组资源具备建产 510亿立方米左右的产量潜力(表 3-19)。

表 3-19　四川盆地及周缘海相页岩气新增可采储量及可建产量规模预测

开发指标	小于 3 000 米	3 000~3 500 米	3 500~4 000 米	4 000~4 500 米	合计
地质资源量/万亿立方米	3.73	3.33	4.18	7.00	18.24
探明率	60%	60%	40%	40%	47%(平均值)
采收率	25%	25%	20%	15%	21%(平均值)
预计探明可采储量/万亿立方米	0.56	0.50	0.33	0.42	1.81
可建产量规模/亿立方米	160	150	100	100	510

（四）西部地区天然气开发前景判断

1. 西部地区天然气发展前景

根据西部地区已开发气田生产动态、新增储量规模与品质和技术政策等因素，设置低、中、高三种情景分析未来天然气发展前景（图3-15）。西部地区三种产量情景方案，从资源、技术与政策发展来看，中情景相对可靠，推荐将其作为目标方案，即2020年、2030年、2050年西部天然气产量分别为1 470亿立方米、2 130亿立方米、2 210亿立方米。

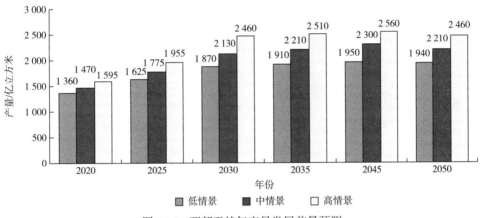

图3-15　西部天然气产量发展前景预测

（1）低情景：常规气稳定增长，致密气保持稳中有升，页岩气和煤层气在成熟区实现规模开发；常规气、致密气新增储量动用率分别为70%、60%。

常规气："十三五"期间以动用目前塔里木和四川盆地深层、高含硫已探明地质储量为主，"十三五"之后逐步加大塔里木盆地、四川盆地深层气藏未来新增探明储量的动用。常规气2020年产量830亿立方米，2030年达到峰值产量1 030亿立方米，2050年递减到950亿立方米。

致密气：主要动用鄂尔多斯盆地在目前气价和技术经济条件下可开发的储量，致密气2020年产量380亿立方米，2030年达到390亿立方米并稳产到2050年。

页岩气：2020年前在四川盆地动用超压核心区资源实现规模开发，2021~2050年动用核心区外3 000~3 500米以浅资源，页岩气2020年产量达到115亿立方米，2030年达到330亿立方米并保持稳产到2050年。

煤层气：2020年前开发动用鄂尔多斯盆地已探明储量成熟区块和蜀南地区，2021~2050年动用鄂尔多斯盆地及其他地区800米以浅煤层气资源，煤层气2020年产量达到35亿立方米，2030年、2035年、2050年分别达到120亿立方米、150亿立方米、270亿立方米。

综合常规气、致密气、页岩气和煤层气资源低情景下未来发展前景，西部天然气产量 2020 年、2030 年、2035 年、2050 年分别为 1 360 亿立方米、1 870 亿立方米、1 910 亿立方米、1 940 亿立方米。

（2）中情景：在低情景基础上，常规气加快探明未开发储量的动用，致密气低效储量得以开发，低煤阶煤层气、页岩气 3 500~4 000 米以浅技术取得重大突破，常规气、致密气新增储量动用率分别达到 80% 和 70%。

常规气：加快动用四川盆地深层、加大川东北高含硫气藏对外合作进程，常规气 2020 年产量 895 亿立方米，2030 年达到 1 070 亿立方米，2050 年产量递减为 980 亿立方米。

致密气：若 2020 年前获得国家财政补贴 0.2~0.4 元/米 ^{3} 或单井开发成本进一步降低，可新增动用四川盆地须家河组和鄂尔多斯盆地探明剩余未开发储量 3 000 亿立方米，预计致密气 2020 年产量 390 亿立方米，2030 年产量 430 亿立方米并稳产到 2050 年。

页岩气：若 2020 年前 4 000 米以深页岩气开发技术取得重大突破，则页岩气 2020 年产量 150 亿立方米，2030 年达到 430 亿立方米，2035 年、2050 年产量分别达到 480 亿立方米、530 亿立方米。

煤层气：若 2020~2030 年鄂尔多斯盆地之外其他地区 800~1 200 米以浅资源取得重大突破，2020 年、2030 年煤层气产量分别达到 35 亿立方米、200 亿立方米，2035 年、2050 年分别达到 230 亿立方米、270 亿立方米。

综合常规气、致密气、页岩气和煤层气资源中情景下未来发展前景，西部天然气产量 2020 年、2030 年、2035 年、2050 年分别为 1 470 亿立方米、2 130 亿立方米、2 210 亿立方米、2 210 亿立方米。

（3）高情景：1 200 米以深煤层气和海陆过渡相页岩气实现效益开发，2020~2050 年新增储量中常规气与致密气动用率进一步提高，分别达到 90% 和 80%，开发规模进一步扩大。

常规气：深层气藏开发成本进一步降低，加大塔里木和四川盆地深层储量的动用，常规气 2020 年产量 980 亿立方米，2030 年达到 1 150 亿立方米并保持稳产至 2040 年，2050 年产量 1 000 亿立方米。

致密气：若同时考虑国家财政补贴和技术进步，可新增四川盆地须家河组和鄂尔多斯盆地探明剩余未开发储量和未来新增储量的动用，预计致密气 2020 年产量 390 亿立方米，2030 年产量 480 亿立方米并稳产到 2050 年。

页岩气：若 4 500 米以深海相页岩气和海陆过渡相开发技术提前突破，则页岩气 2020 年产量 185 亿立方米，2030 年 580 亿立方米并稳产到 2050 年。

煤层气：若 2020~2030 年鄂尔多斯盆地之外其他地区 1 200 米以深资源取得重大突破，高情景条件下 2020 年、2030 年、2035 年、2050 年煤层气产量分别达到 40 亿立方米、250 亿立方米、300 亿立方米、400 亿立方米。

综合常规气、致密气、页岩气和煤层气资源高情景下未来发展前景，西部天然气产 2020 年、2030 年、2035 年、2050 年分别为 1 595 亿立方米、2 460 亿立方米、2 510 亿立方米、2 460 亿立方米。

2. 西部地区重点盆地天然气发展趋势

从未来产量的盆地构成看，不考虑页岩气、煤层气，2030 年前四川和塔里木盆地持续上产，鄂尔多斯盆地、柴达木盆地以稳产为主（图 3-16）。

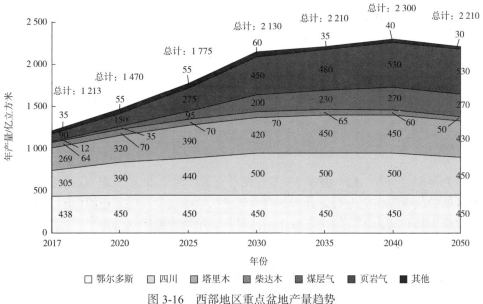

图 3-16　西部地区重点盆地产量趋势

盆地中常规气，煤层气和页岩气作为非常规气单独列出

四川盆地产量有望提升至 500 亿立方米，考虑页岩气则可提升至 930 亿立方米。盆地目前投入开发气藏主要有碳酸盐岩气藏、深层高压气藏、低渗-致密气藏和高含硫气藏。截至 2017 年底，气层气累计探明地质储量 3.68 万亿立方米，已开发地质储量 1.95 万亿立方米；年产气层气 305 亿立方米，累积产量 5 288 亿立方米，剩余可采储量 1.6 万亿立方米，储采比 53。预计 2020 年四川盆地天然气产量 390 亿立方米，2030 年达到 500 亿立方米并稳产到 2040 年，2050 年递减到 450 亿立方米。我国页岩气开发主要位于四川盆地及周缘，考虑 2030 年页岩气产量达到 430 亿立方米，届时四川盆地天然气总产量可达到 900 亿立方米以上。

塔里木盆地 2030 年有望建成年产 450 亿立方米大气区。塔里木盆地目前投入开发气藏主要有碳酸盐岩气藏、深层高压气藏和低渗-致密气藏。截至 2017 年底，气层气累计探明地质储量 1.83 万亿立方米，已开发地质储量 1.03 万亿立方米；年产气层气 258 亿立方米，累积产量为 2 496 亿立方米，剩余可采储量 8 835 亿立方米，储采比 34，具有上产潜力。预计塔里木盆地 2020 年产量 320 亿立方米，2035 年 450 亿立方米并稳产到 2040 年，2050 年递减到 430 亿立方米。

鄂尔多斯盆地未来产量将保持 450 亿立方米长期稳产。鄂尔多斯盆地气田以碳酸盐岩和低渗-致密气为主。截至 2017 年底，气层气累计探明地质储量 4.16 万亿立方米，已开发地质储量 2.55 万亿立方米；年产气层气 435 亿立方米，累积产量为 3 798 亿立方米，剩余可采储量 1.83 万亿立方米，储采比 42，具有上产潜力。预计 2020 年产量 450 亿立方米并保持稳产到 2050 年。

柴达木盆地未来产量稳中有升，增长幅度较小。截至 2017 年底，探明地质储量 3 700 亿立方米，已开发储量 3 151 亿立方米。2017 年采气 63 亿立方米，累积采气 714 亿立方米，剩余可采储量 1 299 亿立方米，储采比 21。"十三五"期间递减率可控制在 8% 左右。预计 2020 年产量 70 亿立方米，2030 年产量 70 亿立方米，之后进入递减态势，2035 年、2050 年分别递减到 65 亿立方米、50 亿立方米。

三、新疆地区及周边建设特色炼化基地前景

为落实"一带一路"倡议，统筹"两种资源、两个市场"，重点对新疆及周边地区的油气资源供应进行了分析，为油气加工基地建设提供了资源保障；同时，为发挥市场对资源配置的决定性作用，对新疆及周边地区油气加工产品的市场供需情况进行了剖析。

（一）新疆及周边特色炼化基地资源、市场分析

1. 新疆及周边油气资源供应情况

新疆油气资源供应。按照国家对新疆能源工作的总体定位和"统筹新疆油气资源储量、开采规模、储运设施条件和经济社会发展，坚持统一规划、有序实施、输出与就地消纳并举，合理安排新疆地区油气资源开发利用时序与布局，着力推进油气资源开发、转化、储运，以及油气管网的互联互通"的总体思路，通过加大勘探开发力度、技术创新，未来新疆地区油气产量呈稳步上升态势。预计到 2020 年新疆地区常规原油产量将达到 2 875 万吨，2030 年将达到 3 270 万吨，2050 年将达到 3 964 万吨；非常规石油 2020 年产量将达到 200 万吨；天然气 2020 年产量将达到 375 亿立方米，2030 年接近 550 亿立方米，2050 年达到 570 亿立方米。

中亚-俄罗斯油气资源情况。中亚-俄罗斯油气资源极为丰富。根据《BP 能源统计（2018）》，2017 年底，中亚-俄罗斯地区石油剩余探明可采储量为 197 亿吨。

其中，俄罗斯石油可采储量 145 亿吨、哈萨克斯坦 39 亿吨、阿塞拜疆 10 亿吨。2017 年中亚-俄罗斯地区石油产量达到 6.996 亿吨，消费量仅为 2.034 亿吨，出口量接近 5 亿吨。其中，俄罗斯产量 5.544 亿吨，消费量 1.53 亿吨，净出口 4.014 亿吨；哈萨克斯坦产量 8 690 万吨，消费量 1 460 万吨，净出口 7 530 万吨；阿塞拜疆产量 3 920 万吨，消费量 440 万吨，净出口接近 3 500 万吨。中亚-俄罗斯天然气可采储量 59.2 万亿立方米。其中，俄罗斯 35 万亿立方米、土库曼斯坦 19.5 万亿立方米。2017 年中亚-俄罗斯天然气产量 8 150 亿立方米，消费量 5 746 亿立方米，出口量达到 2 404 亿立方米；其中，俄罗斯产量 6 358 亿立方米，消费量 4 248 亿立方米，净出口 2 110 亿立方米；土库曼斯坦产量 620 亿立方米，消费量 284 亿立方米，净出口达到 336 亿立方米。中亚-俄罗斯石油、天然气出口主要有欧洲和亚太两大方向。中亚-俄罗斯石油天然气除部分通过东北油气管道出口中国外，剩余部分主要通过西北油气通道输往中国，且总体规模较大。

2. 新疆及周边炼油及油品市场供需分析

中亚-俄罗斯地区炼油及油品整体过剩，以俄罗斯为主，中亚地区存在成品油供应缺口。2015 年，中亚-俄罗斯地区的炼油能力为 36 718 万吨，预计 2020 年将增至 38 867 万吨，增长主要来自俄罗斯、哈萨克斯坦和土库曼斯坦，如表 3-20 所示。随着中亚-俄罗斯地区炼油能力的增长，该地区成品油产量也相应增加，2015 年该地区成品油产量为 14 201 万吨，预计 2020 年将增加到 15 571 万吨。尽管该地区成品油需求将从 2015 年的 9 547 万吨预计增加到 2020 年的 10 339 万吨，但增长幅度低于成品油产量幅度，因此该地区的成品油过剩量将进一步提升，预计将从 2015 年的 4 654 万吨增加到 2020 年的 5 233 万吨，如表 3-21 所示。从供需平衡数据看，该地区的成品油过剩量主要来自俄罗斯，2015 年过剩量达到 4 867 万吨，预计 2020 年进一步扩大到 5 502 万吨，乌兹别克斯坦和土库曼斯坦成品油市场略为过剩，而哈萨克斯坦、吉尔吉斯斯坦、塔吉克斯坦的成品油供应不足，居于净进口国地位。

表 3-20　中亚-俄罗斯地区炼油能力分布　　单位：万吨/年

国家	2010 年	2015 年	2020 年
俄罗斯	28 058	32 373	33 707
哈萨克斯坦	1 857	1 872	2 187
土库曼斯坦	1 202	1 102	1 552
乌兹别克斯坦	1 131	1 144	1 144
吉尔吉斯斯坦	50	200	200
塔吉克斯坦	2	27	77
合计	32 300	36 718	38 867

表 3-21　中亚-俄罗斯地区成品油供需平衡分析　　单位：万吨

国家	成品油产量			成品油需求			供需平衡		
	2010 年	2015 年	2020 年	2010 年	2015 年	2020 年	2010 年	2015 年	2020 年
俄罗斯	11 549	12 631	13 838	7 311	7 764	8 336	4 239	4 867	5 502
哈萨克斯坦	791	814	887	852	1 023	1 155	−60	−209	−268
乌兹别克斯坦	280	246	269	261	218	234	18	28	35
土库曼斯坦	565	491	542	352	396	455	214	95	87
吉尔吉斯斯坦	5	4	5	111	104	112	−106	−100	−107
塔吉克斯坦	15	15	30	31	42	47	−16	−27	−17
合计	13 205	14 201	15 571	8 918	9 547	10 339	4 289	4 654	5 232

　　西亚地区炼油及油品整体过剩，需大量出口。2015 年，西亚地区的炼油能力为4.58 亿吨/年，预计 2020 年将增长到 5.40 亿吨/年，炼油能力的增长主要来自于科威特（新增 2 415 万吨/年）、沙特阿拉伯（新增 2 075 万吨/年）、伊拉克（新增 1 800万吨/年）、土耳其（新增 1 000 万吨/年）等国，如表 3-22 所示。新增炼油能力来自于对现有炼厂的扩能改造及新建炼厂的投产，2020 年前西亚地区将有多座新建炼油厂建成投产，新建项目主要集中在科威特、沙特阿拉伯、伊拉克、土耳其等国，如表 3-23 所示。随着西亚地区炼油能力的增长，该地区成品油产量也将相应增加，2015 年该地区成品油产量为 2.36 亿吨，预计 2020 年将增加到 2.83 亿吨。尽管该地区成品油需求将从 2015 年的 2.25 亿吨增加到 2020 年的 2.57 亿吨，但增长幅度低于成品油产量幅度，因此该地区的成品油过剩量将进一步扩大，预计将从 2015 年的 1 110 万吨增加到 2020 年的 2 588 万吨，如表 3-24 所示。从成品油的供需平衡看，该地区属于成品油净出口地区，且净出口量还将进一步扩大。其中沙特阿拉伯、科威特、阿联酋（即阿拉伯联合酋长国）、巴林等国属于该地区主要的成品油净出口国，而土耳其、伊拉克、伊朗、也门、叙利亚、约旦等属于该地区主要的成品油净进口国。

表 3-22　西亚地区炼油能力分布　　单位：万吨/年

国家（地区）	2010 年	2015 年	2020 年
沙特阿拉伯	9 540	13 665	15 740
伊朗	8 314	9 727	9 727
伊拉克	4 591	4 341	6 141
科威特	4 374	4 374	6 789
土耳其	2 810	2 810	3 810
阿塞拜疆	1 800	600	600
以色列	1 435	1 505	1 505
阿联酋	1 413	3 525	3 525

续表

国家（地区）	2010 年	2015 年	2020 年
巴林	1 275	1 275	1 800
叙利亚	1 136	1 136	1 136
阿曼	1 112	1 112	1 515
其他	1 717	1 717	1 717
地区合计	39 517	45 787	54 005

表 3-23　西亚地区新建炼厂项目　　　单位：万吨/年

国家	地区	炼厂名称	炼厂规模
科威特	Al-Zour	Kuwait National Petroleum	3 075
沙特阿拉伯	Jizan	Saudi Aramco	2 000
土耳其	Izmir	SOCAR	1 000
伊拉克	Maysan	Satarem	750
	Kerbala	Iraq National Oil	700

表 3-24　西亚地区成品油供需平衡分析　　　单位：万吨

国家（地区）	成品油产量			成品油需求			供需平衡		
	2010 年	2015 年	2020 年	2010 年	2015 年	2020 年	2010 年	2015 年	2020 年
沙特阿拉伯	5 456	7 483	9 118	5 107	6 468	7 276	349	1 015	1 842
伊朗	4 600	5 104	5 645	5 122	5 241	5 972	−522	−137	−327
科威特	2 123	2 503	2 099	690	759	981	1 433	1 744	1 118
阿联酋	1 281	1 988	2 905	1 361	1 566	1 849	−80	422	1 056
土耳其	1 186	1 627	2 201	1 835	2 280	2 491	−649	−653	−290
伊拉克	1 017	792	1 363	1 866	1 651	1 828	−849	−859	−465
卡塔尔	830	677	1 111	411	909	1 103	419	−232	8
巴林	818	783	794	166	150	170	652	633	624
以色列	788	977	987	669	706	767	119	271	220
叙利亚	503	157	161	743	341	442	−240	−184	−281
阿塞拜疆	434	480	509	237	332	374	197	148	135
阿曼	395	646	928	407	488	641	−12	158	287
也门	252	181	253	417	434	472	−165	−253	−219
约旦	204	204	205	309	453	490	−105	−249	−285
其他	0	0	0	601	715	835	−601	−715	−835
合计	19 887	23 602	28 279	19 941	22 493	25 691	−54	1 110	2 588

　　新疆、甘肃、青海和宁夏四省区油品需求总体过剩，需要规模外输。考虑产品经济的运输半径、新疆地区成品油流向，将新疆地区成品油目标市场定位为：

西北地区的新疆、甘肃、青海和宁夏。2015 年该区域成品油消费总量为 2 015 万吨，占全国总量的 6.4%，柴汽比 2.90，如表 3-25 所示。根据西北四省区成品油生产和消费情况，该区域成品油总体是大量向外输出：2015 年成品油总过剩量约 1 041 万吨，其中汽油过剩 503 万吨，煤油过剩 53 万吨，柴油过剩 485 万吨。其中，除青海省有约 130 万吨缺口外，其他三个省都有不同程度的供应过剩（表 3-26）。未来新疆、甘肃、青海和宁夏四个省区的成品油需求预测主要参考油品消费占全国比例的变化趋势、消费强度变化、人均 GDP（gross domestic product，国内生产总值）及固定资产投资变化趋势等。综合多种预测方法，初步预计 2020 年和 2025 年该地区成品油的需求总量将分别达到 2 475 万吨和 2 680 万吨，之后基本保持在 2 600 万~2 700 万吨的水平，如表 3-27 所示。供应方面，按照中石油和中石化的"十三五"规划，2015~2020 年该地区没有大的炼厂新建和改扩建计划，主要炼厂都以调结构、增产成品油、降低柴汽比等措施满足市场需求、增加企业效益。考虑到宁夏宝塔石化的加工量将有所提高，预计 2020 年和 2025 年西北四省区原油加工量约为 5 000 万吨，成品油产量预计为 3 400 万吨左右。根据上述分析结果，2020 年西北四省区的成品油过剩量为 921 万吨，比 2015 年下降 120 万吨，如果 2025 年西北四省区维持 2020 年的供应能力和产量，那么到 2025 年成品油过剩量将进一步缩小至 716 万吨。未来 10 年该地区主要是汽油过剩量大幅下降，煤油由过剩转为缺口，而柴油过剩量有所加大（表 3-28）。

表 3-25　2015 年西北四省区汽煤柴油消费情况　　单位：万吨

省区	汽油	煤油	柴油	合计	柴汽比
新疆	238	64	645	947	2.71
甘肃	110	19	380	509	3.45
青海	71	11	172	254	2.42
宁夏	70	13	222	305	3.17
合计	489	107	1 419	2 015	2.90

表 3-26　2015 年西北四省区成品油供需平衡　　单位：万吨

省区	汽油	煤油	柴油	合计
新疆	86	8	403	497
甘肃	285	55	204	544
青海	−17	−11	−105	−133
宁夏	149	1	−17	133
合计	503	53	485	1 041

表 3-27　西北四省区未来成品油需求量　　单位：万吨

省区	2020 年	2025 年	2030 年
新疆	1 140	1 230	1 210
甘肃	620	670	660
青海	330	360	350
宁夏	380	420	420
合计	2 470	2 680	2 640

表 3-28　2015~2025 年西北四省区成品油供需平衡　　单位：万吨

品种	2015 年			2020 年			2025 年		
	产量	消费量	供需差	产量	消费量	供需差	产量	消费量	供需差
汽油	992	489	503	1 147	830	317	1 147	1 010	137
煤油	160	107	53	183	185	−2	183	250	−67
柴油	1 904	1 419	485	2 066	1 460	606	2 066	1 420	646
合计	3 056	2 015	1 041	3 396	2 475	921	3 396	2 680	716

3. 新疆及周边石化产品供需分析

中亚-俄罗斯三大化工材料总体过剩。中亚-俄罗斯地区的石化产品生产主要集中在俄罗斯。2015 年该地区乙烯生产能力为 345 万吨/年，其中俄罗斯产能为 318 万吨/年，占该地区总产能的 92.2%；该地区 PX 能力为 39 万吨/年，全部集中在俄罗斯；该地区三大材料生产能力为 703 万吨/年，其中俄罗斯产能为 653 万吨/年，占该地区总产能的 92.9%（表 3-29）。预计 2020 年前，中亚-俄罗斯地区的乙烯、PX 和三大合成材料的生产能力将得到迅速发展，在 2015 年生产能力的基础上，2020 年将分别增长 57%、128% 和 55%。中亚-俄罗斯属于三大合成材料的净出口地区，随着产量的增长，该地区三大合成材料的过剩量将进一步加剧（表 3-30）。2015 年该地区三大合成材料过剩量为 67 万吨，预计 2020 年将进一步提高到 236 万吨。从数据可以看出，目前该地区三大合成材料的过剩量全部集中在俄罗斯，随着哈萨克斯坦等国家产量的提高，该地区过剩状况加剧，其中俄罗斯三大合成材料过剩量提高到 119 万吨，约占地区过剩总量的 50%。

表 3-29　中亚-俄罗斯地区主要石化产品生产能力　　单位：万吨/年

国家	乙烯能力		PX 能力		三大合成材料能力	
	2015 年	2020 年	2015 年	2020 年	2015 年	2020 年
哈萨克斯坦	13	93	0	50	24	114
乌兹别克斯坦	14	54	0	0	17	67
土库曼斯坦	0	40	0	0	9	56
俄罗斯	318	354	39	39	653	852
合计	345	541	39	89	703	1 089

表 3-30　中亚-俄罗斯地区三大合成材料供需状况分析　　　单位：万吨

国家	产量		需求量		供需平衡	
	2015 年	2020 年	2015 年	2020 年	2015 年	2020 年
哈萨克斯坦	19	82	19	12	0	70
乌兹别克斯坦	11	46	11	29	0	17
土库曼斯坦	0	39	0	7	0	32
吉尔吉斯斯坦	0	0	0	1	0	−1
塔吉克斯坦	0	0	0	1	0	−1
俄罗斯	540	688	473	569	67	119
合计	570	855	503	619	67	236

西亚地区石化产能严重过剩，需大规模出口。2015 年，西亚地区的乙烯生产能力为 3 136 万吨/年，主要集中在沙特阿拉伯、伊朗、阿联酋、卡塔尔、科威特等国；PX 生产能力为 442 万吨/年，主要集中在伊朗、沙特阿拉伯、科威特、阿曼等国（表 3-31）；三大合成材料生产能力为 3 188 万吨/年，主要集中在沙特阿拉伯、伊朗、阿联酋等国（表 3-32）。预计 2020 年前，西亚地区的乙烯、PX 及三大合成材料的生产能力仍保持较快的增长态势，其中 PX 升速最快，2020 年将在 2015 年的基础上增长 62%，三大合成材料及乙烯生产能力，将分别增长 23% 和 11%。从供需平衡视角看，西亚地区属于三大合成材料过剩地区，随着产量的增长，该地区内需求量的增速低于产量增速，三大合成材料的过剩量还将进一步加剧（表 3-32）。2015 年西亚地区三大合成材料过剩量为 1 295 万吨，其中沙特阿拉伯的过剩量高达 1 137 万吨，占地区过剩总量的 88%，其他过剩国家依次是伊朗、阿联酋、卡塔尔、科威特。土耳其是该地区最大的三大合成材料净进口国，2015 年净进口 489 万吨，预计 2020 年进一步提高到 624 万吨，其他三大合成材料净进口国家分别是以色列、伊拉克，但净进口量均不大。

表 3-31　西亚地区主要石化产品生产能力　　　单位：万吨/年

国家	乙烯能力		PX 能力		三大合成材料能力	
	2015 年	2020 年	2015 年	2020 年	2015 年	2020 年
沙特阿拉伯	1 579	1 769	109	244	1 603	1 765
阿联酋	359	362	0	140	362	441
阿曼	0	0	82	82	34	152
伊朗	637	783	137	137	632	835
土耳其	59	59	14	14	180	245
以色列	25	25	18	18	58	58
科威特	177	177	82	82	106	186
伊拉克	15	15	0	0	0	0
卡塔尔	252	252	0	0	197	202
阿塞拜疆	33	33	0	0	16	46
合计	3 136	3 475	442	717	3 188	3 930

表 3-32　西亚地区三大合成材料供需平衡状况　　　　单位：万吨

国家	产量		需求量		供需平衡	
	2015 年	2020 年	2015 年	2020 年	2015 年	2020 年
沙特阿拉伯	1 396	1 670	259	385	1 137	1 285
伊朗	496	635	254	327	242	308
阿联酋	318	418	78	104	240	314
卡塔尔	181	190	23	37	158	153
土耳其	163	211	652	835	−489	−624
科威特	95	158	21	25	74	133
其他	96	210	163	232	−67	−22
合计	2 745	3 492	1 450	1 945	1 295	1 547

　　疆内及周边石化产品具有较好市场前景。2015 年全国聚乙烯产量 1 385 万吨，消费量 2 344 万吨；聚丙烯产量 1 579 万吨，消费量 2 047 万吨，两聚产品的市场供应缺口仍较为显著。随着国家"一带一路"倡议的推进，经济发展重点向中西部地区转移，给石化产品需求带来了新的增长点。预计到 2027 年，东北、华北、西北和西南地区对石化产品的需求增速将超过 7%，高于华东和中南地区 4% 的水平。根据预测，2020 年、2025 年两聚产品产能、消费量继续保持增长趋势，但供应仍存在较大缺口，特别是聚乙烯、PX 产品（表 3-33）。新疆地区炼化企业生产石化产品主要包括聚乙烯、聚丙烯、PX 等。其中 PX 产量受原料及运输经济性等因素影响，2015 年产量约 40 万吨左右，除了少量用于乌鲁木齐石化 PTA（purified terephthalic acid，即精对苯二甲酸）生产外，其余 PX 产品主要通过火车销往华东市场，运输、储存环节的费用为 1 400 元/吨，产品没有市场竞争力。独山子石化生产的聚乙烯、聚丙烯、橡胶等石化产品主要流向为：西北市场 27%、西南市场 15%、华北市场 26%、华东市场 19%、华南市场 13%。可以看出，石化产品市场辐射面很广，加上其主要靠铁路、汽车运输，制约了石化产业的进一步发展。从未来新疆地区石化产品生产和供应来看，"十三五"期间，独山子石化主要实施乙烯原料轻质化改造和结构调整，两聚产品产量增幅不大，并拟计划建设 14 万吨/年 LDPE/EVA[①]装置，延伸乙烯下游产业链；通过进一步改善原料供应，PX 装置负荷率大幅度提高，并拟为新疆地区聚酯、化纤产业发展提供基础原料，实现 PX 产品的就地利用和转化。未来新疆地区主要石化产品仍具有较好的市场空间，关

---

① 低密度聚乙烯（Low Density Polyethylene，LDPE）；乙烯-醋酸乙烯共聚物（Ethylene-vinyl acetate copolymer，EVA）

键是进一步提升竞争力，弥补运费偏高的不足。

表 3-33　全国聚乙烯、聚丙烯供需预测　　　　　单位：万吨

产品	产能/产量		需求量		供需平衡	
	2020 年	2025 年	2020 年	2025 年	2020 年	2025 年
聚乙烯	2 093/2 010	2 218/2 230	2 890	3 350	−880	−1 120
聚丙烯	2 919/2 300	3 079/2 730	2 540	2 950	−240	−220
PX	2 005/1 520	2 876/2 275	2 530	2 965	−1 010	−690

4. 新疆地区天然气市场供需分析

新疆地区天然气需求仍将持续增长，但增量有限。新疆地区天然气的大规模开发促进了该地区天然气消费需求的增长。2014 年，"气化新疆"工程得到全面实施，当地人均用气量达到 739 立方米，是全国平均水平的 5.5 倍。2014 年新疆地区天然气消费总量达到 170 亿立方米，2015~2016 年消费量持续下降，2016 年降至 132 亿立方米。新疆地区天然气消费以工业和城燃用气为主，工业用气约占消费总量的 75%（尤其是以工业燃料用气为主），城燃用气约占 22%，交通和发电分别占 3% 和 2%。未来新疆地区天然气消费需求将进一步增长，用气结构将进一步均衡。预计到 2030 年，新疆地区天然气需求将保持年均 5% 左右的增速发展，天然气消费结构中工业用气比例将显著下降，约占总消费量的 56%；居民用气占比 20% 左右；交通用气比例有所上升，达到 13% 左右；发电用气比例增长，达到 11% 左右。

新疆自产和过境天然气规模大，需要大规模外输。新疆地区丰富的天然气资源除满足当地用气需求外，其余通过"西气东输"天然气长输管道外输。该管道途径 10 个省区，全长 4 200 千米，年输送能力 120 亿立方米。在当地天然气外输的同时，新疆地区也是我国进口中亚天然气（土库曼斯坦、乌兹别克斯坦、哈萨克斯坦）的必经之地。2017 年我国已与中亚地区签订了 850 亿米^3/年的管道气进口合约，中亚天然气管道已建成投运中亚 A 线、B 线、C 线，三条管道管输能力达到 600 亿米^3/年，D 线正在建设中，设计管输能力 300 亿米^3/年，预计 2020 年投运。预计未来中俄西线也将途经新疆，该管道年输送能力约 300 亿立方米。中亚管道天然气进口量逐年增长，2017 年已达到 2 792 万吨（约 391 亿立方米），占全国管道气进口量的 91.7%。2016 年，新疆地区天然气总的出疆量已约达 432 亿立方米。

（二）油气加工基地布局与发展方案

根据对新疆地区油气加工与储备现状，以及基地建设面临机遇和挑战的分析，

提出了油气加工与储备基地建设的总体思路，即落实"一带一路"倡议，统筹"两种资源、两个市场"，以实现绿色、可持续发展为目标；依托现有石化园区和产业基础，以发展质量和效益为中心，坚持创新驱动，加快现有装置结构调整和区域资源的高效利用，积极发展油品、基础化工原料、合成材料生产等核心业务，延伸乙烯和芳烃产业链，实现产业升级；发挥区位优势，进一步加强油气战略储备基地布局；将新疆地区打造成为资源优化合理、生产技术先进、产品附加值高的具有核心竞争力的特色油气加工与储备基地。根据上述发展思路，依托新疆地区现有炼化产业基地，提出了重点建设三大石化基地以及一个天然气综合利用基地的发展方案。

1. 独山子—奎屯—克拉玛依石化基地

充分利用新疆维吾尔自治区内石油资源、中国石油管道进口资源和大型民企利用自身渠道获得的进口稠、重油资源，依托现有炼化产业基础，加强原料供应、能源利用、产品加工等方面的协同，发挥产业聚集效应，提高综合效益；民营资本围绕原油一次加工龙头企业参与下游精细产品的相关项目建设，实现上下游分工合作的有序格局。

"十三五"期间，对于独山子石化，利用哈萨克斯坦进口及塔里木油田液化气资源，加快建设 100 万吨/年轻烃改造项目，新建 15 万吨/年轻烃裂解炉，实施乙烯原料轻质化改造；利用轻烃置换出的石脑油资源，新建 250 万吨/年重整、90万吨/年芳烃抽提联合装置，实施炼油结构优化改造等。到 2020 年，独山子乙烯原料轻质化比例提高到 38%；炼油产品结构更加优化，柴汽比由 3.2 降至 2.6；同时可为乌鲁木齐石化提供 47 万吨/年混合二甲苯，提高其 PX 装置负荷，进一步促进区域资源互供与优化利用。

2020~2030 年，依托独山子—奎屯—克拉玛依（以下简称独—奎—克）炼化一体化基地，利用进口原油资源，盘活奎山宝塔石化存量资产，新增 500 万~800万吨/年重油加工能力；利用本地新增稠油资源，推进克拉玛依炼化超稠油加工技术改造工程项目（稠油加工能力从现有的 400 万吨/年扩至 600 万吨/年，原油加工能力达 800 万吨/年），逐步建成高品质润滑油和高等级道路沥青的两个百万吨基地；利用独山子及宝塔石化富裕的芳烃、乙烯资源，为新疆天利高新石化股份公司供应混二甲苯和乙烯，建设 60 万吨/年 PX、100 万吨/年 PTA 联合装置，以及建设 14 万吨/年 LDPE/EVA 项目，延伸芳烃、乙烯产业链，提高产品附加值。到 2030 年左右，独—奎—克炼化一体化产业基地总原油加工能力由目前的1 600 万吨/年提高到 2 300 万~2 600 万吨/年。同时，利用基地丰富的丙烯及 C4、C5 资源，选择适宜的深加工项目，进一步延伸产业链，实现区域油气资源的高效利用。

2. 乌鲁木齐石化基地

乌鲁木齐石化现有原油加工能力已达 850 万吨/年，2016 年实际加工量约 560 万吨，芳烃规模达百万吨级。

"十三五"期间，按战略新兴产业发展要求，乌鲁木齐石化着力于油品质量升级和提高芳烃装置运行负荷，原油实际加工量力争达到 850 万吨/年，PX 产量达到 70 万吨左右；按照进度完成油品质量升级改造，优化炼油装置和产品结构，合理调整原油加工路线，及时增产适应市场的汽油和航空煤油等高附加值产品，柴汽比由 2.9 降至 1.2，实现增效创效目标。

2020~2030 年，依托乌鲁木齐石化公司炼化一体化产业基础，利用周边的煤制乙二醇资源，积极探索混合所有制途径，合资合作建设 100 万吨/年 PTA 项目，进一步延伸芳烃下游加工产业链，重点发展 PX，进一步延伸芳烃产业链，为石化产业下游与纺织服装产业接轨打通通道，带动新疆聚酯、纺织等行业发展。PTA 下游除发展 PET 满足当地及周边地区纺织服装产业发展需求外，还可根据市场研究适度发展 PBT、PTT、PCT 和 PBS[①]等化工新材料产品，构建独具特色的新型聚酯产业链，最终形成炼油—PX—PTA—（新型）聚酯上下游一体化产业集群。

3. 塔河炼化基地

塔河炼化现有原油加工能力 500 万吨，目前主要以加工塔河油田重质原油为主，原油质量较差，产品较为单一。

"十三五"期间，主要结构调整措施包括：引进北疆春风原油加工，利用春风渣油与塔河渣油在生产沥青产品时的性质上的互补性，对现有沥青产品质量升级后生产高等级沥青产品，扩大沥青产品在新疆乃至西北地区的市场份额，并逐渐向中亚等"一带一路"沿线国家辐射。

2020~2030 年，结合国内沸腾床渣油加氢技术的研发与应用进展，适时开展塔河渣油加氢论证，降低石油焦产量及其硫含量，提高轻质油收率，增产化工产品，提升全厂经济效益指标；结合中石化在沙雅顺北油田的勘探开发进展，适时开展顺北轻质原油加工方案研究等工作。

---

① 聚对苯二甲酸乙二醇酯（polyethylene terephthalate，PET）；聚对苯二甲酸丁二酯（polybutylene terephthalate，PBT）；聚对苯二甲酸 1,3 丙二醇酯（polytrimethylene-tereph-thalate，PTT）；聚对苯二甲酸 1,4-环己烷二甲醇酯（poly1,4-cyclohexylene dimethylene terephthala，PCT）；聚丁二酸丁二醇酯（poly butylenes succinate，PBS）

4. 南疆天然气综合利用基地

基地建设以利用天然气资源为主导，最终形成产业链丰富、完备的天然气精细化加工体系。"十三五"期间，重点对现有天然气加工利用产业进行优化调整，进一步促进天然气在制氢供氢、LNG 工厂及调峰方面的应用。

2020~2030 年，在天然气资源供应充足、价格具有竞争力的前提下，在聚集地分阶段规划建设凝析气轻烃深度回收利用项目（C₃+项目）、30 万吨/年天然气制乙二醇项目；其他项目包括生产 10 万吨 1,4-丁二醇，天然气制 10 万吨/年蛋氨酸、10 万吨/年甘氨酸等。

油气加工基地建设规划项目汇总，如表 3-34 所示。

表 3-34　油气加工基地建设规划项目汇总　　单位：亿元

项目名称	投资
独—奎—克石化基地	280
独山子石化加工哈国 100 万吨/年轻烃改造项目	16.3
250 万吨/年重整、90 万吨/年芳烃抽提装置	15.2
奎山宝塔 800 万吨重油制烯烃芳烃项目一期	100
克拉玛依稠油加工改造项目	40
60 万吨/年 PX 联合装置	28
100 万吨/年 PTA-PET 项目	70
14 万吨/年 LDPE/EVA 项目	11
乌鲁木齐石化基地	112
乌鲁木齐石化基地炼化结构调整改造项目	42
100 万吨/年 PTA-PET 项目	70
塔河炼化基地	18
引进北疆春风原油加工，改善沥青质量	8
塔河炼化配套设施改造	10
沸腾床渣油加氢、顺北原油加工技术论证（远期）	—
南疆天然气综合利用基地	53
塔里木油田凝析气轻烃深度回收利用项目	6
30 万吨/年天然气制乙二醇项目	25
10 万吨 1,4-丁二醇	10
天然气制 10 万吨/年蛋氨酸项目	6
天然气制 10 万吨/年甘氨酸项目	6

5. 2050 年发展展望

在接下来的几十年里，世界将处于浩大且根本性的变革中。社会、经济、政治制度，以及工作、交流、生活方式都可能发生变化。化学工业作为人类进步的推动者和许多其他工业的基础，也将发生许多变革和进步。通过梳理国内外著名机构对未来世界化学工业、新能源汽车、油价发展趋势研究成果，对 2050 年左右石化工业变革进行了学习，并对西部地区油气 2050 年发展情况进行了粗浅的展望。

根据 2050 年世界化学工业发展趋势展望的"可持续模型"研究，在接下来的几十年里，世界化学工业将会经历更严峻、更彻底的变革，所涉及的各个方面都会有重大改变，从原料到产品、减排、经济性、市场、技术、参与者、消费者，甚至是与其他行业、政府和社会的联系。虽然改变、调整是逐步的，但影响是深远的。对于石化行业来说，原料方面，页岩气的开发及减排的压力将加速石脑油、加氢尾油、轻烃等混合原料向轻质化、清洁化原料（特别是乙烷）转变。在产品方面，到 2050 年左右，新能源汽车将得到持续发展，并占到一定比重，但传统化石燃料车辆的使用仍占主导地位，汽柴油的生产和消费仍将持续，同时塑料、化纤等石化产品的销售额仍最突出，并向更高性能的产品发展；技术的进步，将促进炼油和石化产业的资源、能源的利用效率进一步提高，减排和生态文明建设的需求使得生产更加清洁化等。

对于新疆地区油气加工与储备基地来说，上游勘探开发技术的持续进步、油价的稳定等使油气资源来源更加有保障，传统化石燃料仍在市场需求中占主导，经济的持续增长等都将促进基地炼油和石化产能利用率进一步提高；渣油加工技术的进步和应用使得重油转化更加经济和高效，能耗、商品率等主要技术经济指标更加先进；前沿天然气化工利用技术取得重大突破和应用，如天然气制乙烯等乙烯原料将更加多元化、轻质化，成本更具竞争优势，这些都将使得新疆地区油气加工与储备基地更具核心竞争力。

（三）油气加工与储备基地建设配套设施发展研究

1. 炼化基地原油储运设施现状及发展规划

乌鲁木齐石化公司现有原油进厂设施总能力 1 250 万吨/年，有三种进厂方式。一是管输，现有进厂输油管道三条，分别为王—化输油管道（王—化老线），管输能力 300 万吨/年；北三台油库至乌石化输油管道（三化线），管输能力 300 万吨/年；王—化输油管道（王化新线），管输能力 450 万吨/年，目前该管线正在进行增输改造，改造后管输能力将达到 600 万吨/年。二是铁路，每年可接卸原油 150

万吨。三是汽车，每年可接卸原油 50 万吨。

独山子石化目前原油进厂方式有管道、铁路和公路三种，以管道为主，进厂原油管道主要有中哈原油管道阿—独线，设计输送能力 1 000 万吨/年，克拉玛依至独山子原油管道 4 条，合计输油能力 400 万吨/年。

克拉玛依石化目前原油进厂方式有管道、铁路和公路三种，以管道为主，进厂原油管道主要有 2 条石西—克拉玛依原油管道，设计输送能力分别为 130 万吨/年、290 万吨/年。

塔河石化目前原油进厂方式主要以管道为主，进厂原油管道主要有 2 条雅克拉—库车原油管道，设计输送能力分别为 220 万吨/年、300 万吨/年。

根据各炼化基地发展方案，除新建宝塔石化外，其他石化企业未来炼油加工能力变化不大，现有原油储运设施比较完善，可满足发展要求。

2. 炼化基地产品储运设施现状及发展规划

乌鲁木齐石化产品出厂主要有三种方式。一是管道，乌石化现有汽柴油出厂管线 4 条，管输总能力 850 万吨/年，其中至九道湾油库管线 2 条，设计输送能力均为 100 万吨/年；至王家沟油库管线 2 条，设计年输送能力分别为 200 万吨/年、450 万吨/年。二是铁路，成品油铁路装车站台 7 座，设计装车能力 350 万吨/年；液态烃铁路装车站台 1 座，设计装车能力 40 万吨/年。三是汽车，全厂设有装车站台 28 座，设有液化气、汽油、柴油、航空煤油、丙烷、丙烯、轻石脑油、重整石脑油、溶剂油和石油苯等鹤位，装车能力 270 万吨/年。

独山子石化产品出厂主要有三种方式。一是管道，独山子石化现有独—乌成品油管道、703—独山子成品油管道，管输能力分别为 520 万吨/年、130 万吨/年。二是铁路，全厂设有成品油、液化烃等装车鹤位。三是汽车，全厂设有成品油、液化烃等装车鹤位。

克拉玛依石化产品出厂主要有三种方式。一是管道，克拉玛依石化现有 2 条克—乌成品油管道，管输能力分别为 180 万吨/年、400 万吨/年。二是铁路，全厂设有成品油、液化烃等装车鹤位。三是汽车，全厂设有成品油、液化烃等装车鹤位。

塔河石化产品出厂以铁路为主，公路为辅。全厂设有成品油、液化烃等铁路装车鹤位，以及成品油、液化烃等汽车装车鹤位。

根据各基地发展规划，2020 年和 2030 年，主要炼油企业原油加工量和成品油产量情况，如表 3-35 所示。

表 3-35　主要炼油企业原油加工和成品油产量情况　　单位：万吨

名称	2020 年		2030 年	
	原油加工量	成品油产量	原油加工量	成品油产量
乌鲁木齐石化	850	530	850	550
独山子石化	1 000	450	1 000	500
克拉玛依石化	600	300	800	450
塔河石化	500	260	500	300
宝塔石化	—	—	500	200
合计	2 950	1 540	3 650	2 000

由表 3-35 可知，2020 年，四家主要炼油企业成品油产量合计 1 540 万吨，较 2016 年成品油产量多出约 110 万吨，以增产航空煤油为主，需要规划新建炼厂到机场航空煤油管线，降低运输成本，提高航空煤油供应量。其他成品油出厂方案变化不大，现有设施能满足成品油出厂需要。

2020~2030 年，预计新增宝塔石化建成投产，新增原油加工能力 500 万吨/年，新疆地区成品油产量预计达 2 000 万吨，较 2016 年多出约 570 万吨，届时可考虑宝塔石化、塔河石化修建成品油管道，与西部成品油管道相连，将富余的成品油资源输送到中部地区。

3. 新疆油气储备发展设想

截至 2015 年底，新疆地区已分别在独山子、鄯善建成 500 万立方米、200 万立方米原油储备库，原油储备库的投用，有效提升了区域炼化企业抵御市场风险的能力，提高了西油东送平稳供油能力。另外，呼图壁储气库的建成投用，可发挥季节调峰与战略储备双重功能。目前，第三期国家石油储备基地已开始前期选址工作，新疆地区未来原油储备基地的发展要遵循国家有关规划；天然气的储备主要起调峰作用，未来可通过呼图壁储气库的逐步达容及新疆地区天然气化工的适度发展来满足天然气调峰，充分发挥区位优势，构建天然气储备基地与西部能源大通道调节枢纽。

（四）基地发展水资源和环境影响分析

1. 基地发展水资源保障

新疆地区水资源概况：新疆地区水资源总量 912 亿立方米（2005~2016 年平均）。2016 年全疆水资源总量 1 093.4 亿立方米，占全国水资源总量 32 466.4 亿立方米的 3.4%，位列全国第 12 位，人均水资源量位列全国第 8 位。2005~2016 年新疆水资源量统计情况，如表 3-36 所示。

表 3-36　2005~2016 年新疆水资源量统计情况　　单位：亿立方米

年份	地表水资源量	地下水资源量	地表水与地下水资源重复量	水资源总量
2005	910.7	562.57	510.41	962.86
2006	903.8	554.13	504.85	953.08
2007	816.6	514.1	466.9	863.8
2008	759.5	518.5	475.36	802.64
2009	713.7	470.9	430.3	754.3
2010	1 063	624.3	563.3	1 124
2011	841	539.8	495.1	885.7
2012	854.2	557	508	903.2
2013	905.58	561.27	510.89	956.96
2014	686.55	443.93	403.55	726.93
2015	873.1	536.3	491.6	917.8
2016	1 039.3	610.4	556.3	1 093.4
平均	863.9	541.1	493.0	912.1

新疆位于内陆干旱区，具有"三山夹两盆"的独特地貌特征。山区降水较为丰沛，占全疆总降水量的 80%以上，是径流形成区，全疆共有大小河流 570 条；平原区和沙漠区降水稀少，蒸发强烈，是径流散失区和无流区。独特的地貌特征导致新疆水资源时空分布极不均衡。在时间分布上，河流径流量季节变化大，呈现春旱、夏洪、秋缺、冬枯的特点，夏季水量占年径流量的 50%~70%，春季和秋季各占年径流量的 10%~20%，冬季在 10%以下。在空间分布上，年径流深北部大于南部，西部大于东部，平均径流深北疆为南疆的 2.7 倍。地表水资源一半集中于天山，并且迎风坡多于背风坡，天山南北坡地表水资源量约占全疆的 52%，南部昆仑山次之，地表水资源约占全疆的 30%，北部阿尔泰山及准噶尔西部山脉地表水资源量约占全疆的 18%。从行政区域来看，水资源相对丰富的主要是巴州、伊犁、和田、阿勒泰和喀什等地区。

新疆经济以农业为主，工业发展水平相对偏低，第三产业发展滞后。农业发展仍处于原始农业经济状态，水资源消耗中绝大部分为农业灌溉用水。

目前，新疆水资源消耗主要是农业用水，占总耗水量的 95%左右，工业用水仅占总耗水量的 2.5%左右。为了降低农业用水量，新疆拟采取退农还水、节水型灌溉技术、污水回用、兴修水利工程等措施，使农业用水比例逐年下降，以供给工业发展，特别是能源工业发展用水。

现有主要石化企业用水现状为：新疆地区现有 4 家重点炼化企业，原油一次加工能力约 3 000 万吨/年。其中，独山子石化 1 000 万吨/年、乌鲁木齐石化 850万吨/年、克拉玛依石化 600 万吨/年和中石化塔河炼化 500 万吨/年。2016 年新疆地区主要炼化企业用水情况，如表 3-37 所示。

表 3-37 新疆地区主要炼化企业用水情况

企业名称	供水能力/（万吨/年）	2016 年实际用水/万吨	水源地
乌鲁木齐石化	4 710.4	1 801	地下水
独山子石化	8 000	6 820	地表水（奎屯河）
克拉玛依石化	538.6	436	地表水（白杨河水库）
塔河炼化	400	171	地表水

未来，新疆石化产业的发展主要依托现有炼化企业，根据不同阶段基地发展方案设想，现有水资源量、供水能力均有一定富余量，能够满足近远期石化发展需要。

油气加工基地建设水资源可获性及保障措施：新疆地区分期建设的额尔齐斯河北水南调供水工程设计年从额尔齐斯河调水 34 亿立方米，将为克拉玛依和乌鲁木齐的炼化企业用水提供重要支撑。工程分"三期四步"完成，一期工程为"引额济克"（额尔齐斯河调水到克拉玛依市），二期工程为"引额济乌"（额尔齐斯河调水到乌鲁木齐），三期工程是西水东调，把布尔津的水从下游调到上游"635"水利枢纽。目前，第一期工程已经投入使用，引水量 8.4 亿立方米，提供工业用水 1.9 亿立方米，农业用水 6.5 亿立方米，经济效益和社会效益十分显著。

独山子石化所在的独山子区境内有奎屯河、艾里克湖，地表水和地下水资源充足。奎屯河年平均径流量 6.86 亿立方米，流经独山子境内 31 千米，为独山子石化发展提供了用水保障。

塔河炼化所在的库车县境内主要河流有库车河、渭干河和塔里木河。库车河和渭干河均发源于天山山脉：库车河发源于天山山脉木孜塔格山，年径流量 3.31 亿立方米；渭干河发源于天山南麓哈雷克群山和汗腾格里峰，年径流量 22.46 亿立方米，库车县按 39.5%分水，实际水量为 8.87 亿立方米。丰富的水资源为塔河炼化发展提供了用水保障。

另外，目前新疆农业灌溉还处于原始农业经济状态，其用水量占到新疆水资源总量的 96%，大大高于目前我国农业用水占比 62%的平均水平。为此，新疆通过逐步改善农业用水落后的面貌，采取多种技术、多种途径，使农业用水比例逐年下降，这样也可为工业用水提供进一步资源。

2. 基地发展环境影响

新疆地区环境现状：新疆地处欧亚大陆腹地，属中温带大陆性干旱半干旱气候。季分明，冬春长、冬季寒冷、夏秋短、夏季炎热、大风较多；降水较少、蒸发量大，且年季变化大，分布很不均匀；年温差和昼夜温差变化很大，年平均气温较低。累年平均气温 7℃，极端最高气温 43.2℃，极端最低气温 −49.8℃。年平均降水量 106.0 毫米，累年最大蒸发量 2 382 毫米，累年最小蒸发量 1 202 毫米，累年最大风速 41.0 米/秒。

大气环境：新疆地区在采暖季以煤烟型污染为主，非采暖季受沙尘影响较大。首要污染物为可吸入颗粒物和细颗粒物。2016 年全区城市环境空气质量较上年略有下降，优良天数比例为 67.0%，19 个城市中阿勒泰、塔城、克拉玛依 3 个城市环境空气质量达到国家二级标准。

水环境：2016 年，全区水环境保持稳定并有所改善，河流水质总体为优，出入境断面水质优良，部分流经城市段受到不同程度污染。监测的 78 条河流 169 个断面中，Ⅰ 断面类优良水质断面占 97.6%，高于全国平均水平。

根据《新疆统计年鉴 2016》，2014 年、2015 年新疆主要污染物排放情况，如表 3-38 所示。

表 3-38　2014 年、2015 年新疆主要污染物排放情况

项目	单位	2014 年	2015 年
水环境			
废水排放总量	亿吨	10.27	9.99
工业废水排放量	亿吨	3.28	2.84
城镇生活废水排放量	亿吨	6.99	7.14
COD 排放量	万吨	67.02	66.02
工业 COD 排放量	万吨	18.7	18.34
城镇 COD 排放量	万吨	11.74	12.93
氨氮排放量	万吨	4.59	4.56
工业氨氮排放量	万吨	1.14	1.09
城镇生活氨氮排放量	万吨	2.18	2.23
大气环境			
工业废气排放量	亿标立方米	22 846.46	21 037.7
二氧化硫排放量	万吨	85.3	77.82
工业二氧化硫排放量	万吨	71.81	62.21
城镇生活二氧化硫排放	万吨	13.49	15.62
氮氧化物排放量	万吨	86.17	73.65
工业氮氧化物排放量	万吨	53.9	41.48
城镇氮氧化物排放量	万吨	2.18	2.86
烟（粉）尘排放量	万吨	81.38	59.75
工业烟（粉）尘排放量	万吨	67.6	46.42
城镇生活烟（粉）尘排放量	万吨	11.54	11.03

注：COD，chemical oxygen demand，化学需氧量

现有主要石化企业污染物排放现状及预测：乌鲁木齐石化、独山子石化、克拉玛依石化和塔河炼化 2016 年主要炼化企业污染物排放情况，如表 3-39 所示。

表 3-39　2016 年主要炼化企业污染物排放情况　　　　单位：吨

企业名称	COD	氨氮	二氧化硫	NO$_x$
乌鲁木齐石化	368.07	82.04	2 718.76	4 296.43
独山子石化	758.72	168.37	4 104.77	6 382.00
克拉玛依石化	256.17	11.42	380.93	2 076.62
塔河炼化	92.58	2.85	377.59	554.23

根据基地发展规划，"十三五"期间主要以结构调整为主，污染物排放增量不显著，现有总量指标可满足增量需求；2020~2030 年，主要考虑新建宝塔石化项目以及芳烃产业链延伸排放，上述项目污染物排放及治理均可按照新建项目环评及满足有关排放标准执行。

环境保护措施：废气治理，废气包括有组织排放废气和无组织排放废气。有组织排放废气来自生产装置的加热炉、反应器再生气等，主要污染物为二氧化硫、NO$_x$ 和烟尘；无组织废气主要来自罐区和油品装卸设施，主要污染物为烃类。为降低废气污染物的排放量，采取硫回收、烟气脱硫脱硝、尾气高空排放等多种措施，以保证各种废气排放浓度满足国家相关规范要求。

废水处理：污水可分石油化工污水、生活污水和清净废水。对于排放高浓度污水的生产装置，污水须在装置界区内进行预处理后再排入相应的污水系统送至污水处理场。进入污水处理场的废水，根据污污分治的原则，对含油污水、高浓度污水分别进行处理，污水经生化处理后与清净废水进入最终的深度处理系统。污水经过深度处理后可回用于循环水、补充水等装置，最大限度降低新鲜水用量。

废渣处理：炼油化工生产过程中产生的废渣包括废催化剂、废吸附剂、锅炉炉渣、活性污泥、废油泥等。对于废催化剂、废吸附剂等固体废弃物，根据性质采取厂家回收利用或填埋等方式进行处置；对于锅炉炉渣、灰渣等可采取综合利用方式用于水泥、筑路等；对于活性污泥等危险废弃物，需要经由具有危险废弃物处置资质的单位集中处置。

第四章　西部地区油气发展战略举措与政策建议

西部地区油气资源富集，约占全国一半，油气储产量处于快速增长期，是我国油气生产中的重要战略接替区，未来需要进一步加大上游勘探开发业务的力度，实现国内油气生产战略西移，保障国内供给。新疆地区及周边油品和材料需求动力不足，未来需要加快现有装置结构调整和区域资源的高效利用，打造具有核心竞争力的产品附加值高的特色油气加工基地，并积极布局建设具有区位优势的油气战略储备基地。

一、西部地区油气发展战略

（一）西部地区油气发展总体战略

契合国家"一带一路"倡议，充分利用两种资源、两个市场，灵活运用市场机制和政策引导，强化科技创新引领，坚持油气并重、常非并举、巩固发展鄂尔多斯盆地、新疆地区两大石油生产基地，加快建设鄂尔多斯、四川、塔里木三大盆地天然气生产基地，实现石油产量稳定增长、天然气产量倍增发展；新疆地区立足现有油气加工基地，优化产业规模和产品结构，构建特色油气加工基地，为我国石油和化学工业持续健康发展提供重要支撑。

（二）西部地区油气发展总体目标

1. 石油稳定增长，天然气倍增发展

石油发展目标：立足西部地区塔里木、准噶尔、鄂尔多斯 3 大含油盆地，强化成熟探区深挖细找，强化老油田大幅提高采收率，强化低品位储量规模开发，推进西部地区石油产量持续增长。2030 年前西部地区年均新增石油探明储量 6 亿~7 亿吨，2020 年石油产量达到 6 900 万吨以上，2035 年石油产量达到 8 000 万吨，占全国陆上石油产量的半壁江山，2050 年石油产量达到 8 000 万吨以上。

天然气发展目标：立足鄂尔多斯、四川、塔里木 3 大含气盆地，坚持常非并举、深浅并举，推进西部地区天然气产量持续较快增长。2030 年前年均新增天然气探明储量 7 000 亿立方米，建成四川、塔里木、鄂尔多斯 3 个 400 亿立方米以上的大气区，天然气产量 2 130 亿立方米，实现倍增发展；其中，常规天然气 1 070 亿立方米，非常规天然气 1 060 亿立方米。2035 年天然气产量达到 2 210 亿立方米，2040 年达到 2 330 亿立方米，2050 年降至 2 210 亿立方米。

2. 建成新疆特色石油炼化基地

立足新疆地区重、稠油和天然气等资源优势，着力打造面向中亚的特色化工产业高地和一体化产业集群。2035 年前新疆地区国有和地方炼化企业原油加工能力达到 4 000 万吨/年；延伸乙烯和芳烃下游产业链，独山子石化建成千万吨级炼化一体化基地；发挥稠油资源优势打造特色产品，建成高品质润滑油和高等级道路沥青的两个百万吨基地；发展合成树脂、聚酯等化工产品，其中 PX 产能达到 140 万吨/年，聚酯产能 200 万吨/年。

3. 打造鄂尔多斯国家天然气供应战略调节枢纽

统筹陕京线和西气东输天然气供应规模和天然气市场需求，充分发挥鄂尔多斯盆地天然气资源优势、生产规模优势和区位优势，按照日常稳产、应急上产原则，研究确定鄂尔多斯天然气产量规模，设定资源战略储备区，做好资源动用方案和应急响应机制，打造资源储备充足、应急响应迅速的国家天然气供应战略调节枢纽，保证我国东、中部地区天然气供应安全。

鄂尔多斯国家天然气供应战略调节枢纽

2016 年我国天然气产量和消费量分别达到 1 380 亿立方米和 1 973 亿立方米，天然气进口量达到 593 亿立方米，对外依存度达到 30%。特别是通过中亚长输管道进口天然气达到 296 亿立方米，约占进口总量的 50%。天然气长距离供应安全存在隐忧，因此，构想从国家层面打造鄂尔多斯国家天然气供应战略调节枢纽。

天然气消费波动特征明显，存在季节峰谷差、日峰谷差。目前，我国已初步建立起储气库、气田和用户的多层次调峰机制。本次提出的天然气供应战略调节枢纽类似于气田调峰，但层面不是常规调峰概念，而是应对国外供应中大幅减少情景下的战略调节枢纽。

鄂尔多斯盆地具备成为国家天然气供应战略调节枢纽的三大优势：①天然气资源极为丰富。根据中国石油第四次油气资源评价，鄂尔多斯盆地天然气资源量为 15.7 万亿立方米，2016 年底探明量为 3.96 万亿立方米。2016 年产量达到 422

亿立方米，是国内最大的天然气生产基地，占全国当年产量的37%。②资源风险小，建产周期短。鄂尔多斯盆地以大面积分布的致密气为主，资源风险小、建产快，通过批量钻井，能够短期内快速上产。③区位优势显著。鄂尔多斯盆地位于我国中部，是西气东输管线系统的中转站、陕京线系统的主气源区，管网异常发达，生产的天然气通过系统的管网输送到华北、华南地区。与鄂尔多斯盆地比较，塔里木盆地钻井周期长（超过200天）、资源风险大、距离市场远；四川盆地外输管线单一，不能满足华北供气任务。鄂尔多斯独特的资源、区位优势，是建设国家天然气战略调节枢纽的不二之选。

（三）西部地区油气发展的路线图

1. 西部油气生产与储备发展路线图

充分发挥西部地区的资源优势和区位优势，以建设"两油、三气"油气生产基地、能源西部大通道和鄂尔多斯天然气战略调节枢纽为重点，依托科技创新、体制创新，通过油气并举、常非并重，实施深层、非常规、提高采收率和低成本开发四大战略，推动油气勘探规模发现和有序接替，实现石油产量稳定增长、天然气产量倍增发展目标；通过扩大油气储备和储运基础设施建设，实现构建能源输送大通道和调节枢纽的目标，为我国提供充足、安全的能源保障（图4-1）。

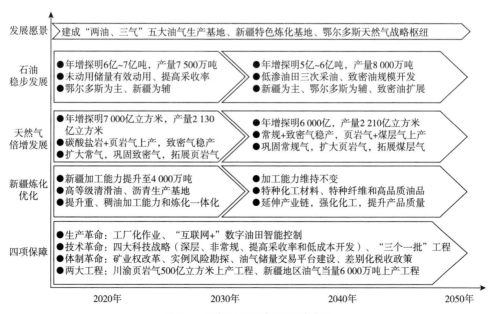

图 4-1　西部地区油气发展路线图

2. 新疆特色炼化基地发展路线图

新疆地区炼化业务以建设特色化工产业高地和一体化产业集群为目标,"十三五"期间着眼于进一步完善现有油气加工基地配套,加快产业结构调整和质量升级;2020~2035 年,在进一步提高原油加工量的基础上,延伸石油化工下游产业链,突出特色,提高加工基地的核心竞争力;2036~2050 年,在继续提供清洁油品的同时,提高合成材料产品的性能,采用新技术,促进资源、能源利用效率进一步提高(图 4-2)。

独—奎—克石化基地:独山子乙烯原料轻质化比例提高到38%,炼油柴汽比由3.2降至2.6;为乌鲁木齐石化提供47万吨/年混合二甲苯原料。 乌石化基地:原油加工量力争达到850万吨/年,PX产量达到70万吨/年,炼油柴汽比2.9降至1.2。 塔河炼化基地:扩大沥青产品在新疆及西北地区的市场份额,并逐渐向中亚等"一带一路"沿线国家辐射	独—奎—克石化基地:到2035年左右,独—奎—克炼化一体化产业基地总原油加工能力由1 600万吨/年提高到2 300万~2 600万吨/年,实现资源高效利用,延伸产业链,突出特色,提升核心竞争力。 乌石化基地:适度发展PBT、PT、PCT、PBS等化工新材料产品,构建独具特色的新型聚酯产业链,形成炼油—PX—PTA—新型聚酯上下游一体化产业集群。 塔河炼化基地:降低石油焦产量及其硫含量,提高轻质油收率,增产化工产品,提升效益	独—奎—克石化基地:到2050年,独—奎—克炼化一体化产业基地总原油加工能力提高到3 000万吨/年。建成高品质沥青、润滑油、合成树脂、合成橡胶工业基地,推进石化园区建设,辐射西部地区和"一带一路"沿线国家。 乌石化基地:优化油种,提高原油加工量,完善炼油—芳烃—聚酯—纺织产业链,建成特色新材料生产和深加工基地,带动当地下游产业发展。 塔河炼化基地:继续进行装置升级改造,降低油品硫含量,生产清洁油品和高品质沥青

现在　　　　　　　2020年　　　　　　　　2035年　　　　　　　　2050年

独—奎—克石化基地:100万吨/年轻烃炼油和乙烯优化调整项目;新建15万吨/年轻烃裂解炉,实施乙烯原料轻质化改造新建250万吨重整和90万吨芳烃联合装置,实施炼油结构优化改造。 乌石化基地:着力油品质量升级和提高芳烃装置运行负荷优化炼油装置和产品结构,增产适应市场的汽油和航煤等高附加值产品。 塔河炼化基地:引进北疆春风原油加工,利用春风渣油与塔河渣油在生产沥青产品时性质上的互补性,生产高等级沥青产品	独—奎—克石化基地:盘活奎山宝石化存量资产,新增500万~800万吨/年重油加工能力;克拉玛依稠油加工能力由400万吨/年扩至600万吨/年,原油加工能力扩至800万吨/年;建设60万吨PX、100万吨PTA联合装置,14万吨LDPE/EVA装置。 乌石化基地:建设100万吨/年PTA项目,重点发展PX—PTA—PET产业链。 塔河炼化基地:开展顺北轻质原油加工利用方案研究,进步改善产品结构	独—奎—克石化基地:独山子石化进一步提高原油加工量生产低硫汽油和航煤,开发特种合成橡胶产品,提高合成树脂和合成橡胶产品的竞争力,优化利用独奎克基地资源。 乌石化基地:提高进口哈油加工量,建设聚酯工业园区,引入生物质原料,打造面向"一带一路"的特种纤维研发和生产基地。 塔河炼化基地:增加顺北轻质油加工,增加低硫油品供应,满足南疆油品增长的需求,继续供应高品质沥青产品

南疆天然气综合利用基地:规划塔里木油田凝析气轻烃深度回收利用项目(C$_3$+项目)、30万吨/年天然气制乙二醇项目、10万吨1,4-丁二醇项目、5万吨/年聚四亚甲基醚二醇项目、10万吨/年天然气制蛋氨酸项目、10万吨/甘氨酸等项目	南疆天然气综合利用基地:以利用天然气资源为主导,最终形成产业链丰富、完备的天然气精细化加工体系,建设南疆天然气综合利用基地

图 4-2　新疆油气生产、加工储备基地发展路线图

二、西部地区油气发展战略举措

（一）准备战略接替，创新开发模式，推动石油稳步发展

1. 强化预探与风险勘探，推动石油储量高峰增长

石油勘探立足鄂尔多斯、准噶尔、塔里木三大盆地，瞄准碎屑岩岩性、海相碳酸盐岩和致密油三大领域，持续推进鄂尔多斯盆地延长组规模拓展、准噶尔盆地玛湖凹陷斜坡区整体勘探、塔里木塔北—塔中低隆区奥陶系新区勘探，实现近中期规模增储；突出准噶尔盆地腹部和准东碎屑岩、塔里木盆地库车前陆斜坡带碎屑岩和台盆区海相碳酸盐预探，准备区域接替；强化鄂尔多斯延长组长7致密油和页岩油、准噶尔盆地吉木萨尔凹陷致密油的技术准备和有利区优选，准备战略接替。同时，不断深化地质认识，突出新区、新领域风险勘探，推动石油勘探领域有序接替，力争年新增探明地质储量6亿~7亿吨，为石油稳步发展提供资源基础。

2. 突出鄂尔多斯盆地和新疆地区，转换开发方式，实现常规石油产量持续增长

鄂尔多斯盆地已开发油田立足水驱，深化精细油藏描述和剩余油研究，做好精细注采和加密调整，进一步提高水驱采收率；攻关气驱、化学驱等三次采油技术，探索进一步提高采收率新途径；新油田以技术和管理创新为驱动力，攻关、完善、配套和推广水平井+体积压裂、工厂化作业等技术，大幅降低建设成本，提高开发效果，实现超低渗等低品位油藏的经济有效开发。2050年前石油产量保持增长趋势，产量占到西部总产量的一半以上。

新疆地区准噶尔、塔里木等重点盆地，已开发油田立足水驱，深化准噶尔克拉玛依砾岩和砂岩、吐哈低黏油、塔里木砂岩等油藏的精细油藏描述和剩余油研究，在精细注采的基础上，采用"二次开发+三次采油"的开发模式，进一步提高采收率；完善配套准噶尔超稠油、塔里木塔中和塔河碳酸盐岩、吐哈深层稠油的开发技术，进一步提高采收率和开发效益；新油田围绕超稠油、碳酸盐岩、深层特低渗、深层稠油等复杂油藏，攻关大幅降低投资和成本的开发技术，创新管理模式，实现规模效益开发。2050年前新疆地区石油产量保持增长趋势，产量占到西部地区总产量的四成以上。

3. 创新开发模式、管理机制，实现致密油规模上产

致密油的开发关键在于转变观念，认清开发特点和规律，突出工程技术、开

发方式和模式创新。通过完善配套水平井+体积压裂和工厂化作业等技术,大幅降低建设成本;通过攻关储层能量补充方式和技术,探索新的适用开发方式和模式,减缓产量快速递减的趋势,努力提高采收率 7 个百分点以上;通过争取国家政策支持,强化开发机制创新。2030 年前,以鄂尔多斯盆地延长组长 7、准噶尔盆地东部芦草沟组、三塘湖盆地芦草沟组,以及四川盆地侏罗系等层系和区域为重点,力争推动致密油产量占到西部总产量的 1/10 以上。

(二)新老并重、常非并举,推动天然气产量倍增发展

加大天然气勘探开发力度,坚持新老并重、常非并举,积极寻找天然气大发现;努力减缓常规已开发气田产量递减、延长稳产期,强化常规新气田投资成本控制和效益开发;加大页岩气、煤层气等非常规资源勘探开发力度,非常规气产量稳步上升。

1. 立足三大盆地、三种类型天然气,积极寻找天然气大发现,夯实发展的资源基础

西部地区天然气资源丰富、类型多样,是我国天然气储量增长的主体。常规天然气(含致密气)立足鄂尔多斯、四川、塔里木三大盆地,瞄准海相碳酸盐岩、前陆深层和致密砂岩气三大天然气勘探领域。近期前陆深层以塔里木盆地库车前陆克拉苏构造带为重点,海相碳酸盐岩以川中震旦–寒武系、川西北二叠系为重点,致密气以鄂尔多斯下古生界天然气为重点,加强目标精细解释识别,实现天然气规模增储;中远期加大塔西南、川西和准南前陆深层碎屑岩,以及鄂尔多斯盆地 L 型台缘带、塔里木满西低隆、塔里木台盆区盐下深层等海相碳酸盐岩勘探力度,寻找天然气勘探大发现,实现天然气勘探区带的战略接替。同时,加大蜀南—滇黔贵地区海相页岩气选区评价和鄂东、沁南、准东和吐哈煤层气区域拓展,并探索海陆过度相和陆相页岩气,努力实现非常规对常规天然气的类型接替。通过三大盆地、三大领域的天然气勘探,实现区带接替、领域接替,保持天然气探明储量高峰增长,为西部地区天然气产量倍增发展提供资源基础。

2. 强化常规天然气老区稳产,加强新区前期评价与产能建设,保持天然气产量稳定增长

天然气开发立足鄂尔多斯、塔里木、四川、柴达木和准噶尔五大盆地,深化低渗–致密气藏、深层气藏、高含硫气藏和火山岩气藏等复杂气藏开发,针对动用程度低的苏里格、子洲、乌审旗、广安须家河、迪那 2 和克拉美丽等气田重新开展系统储量可动用性评价,大力提高老区储量动用率;有针对性地推广排水采气

工艺、低渗透气藏采气配套技术和高低压分输技术等措施，努力提高采收率，确保气田稳产和有序递减；加快新区产能建设步伐，2020 年前以四川盆地高含硫、震旦系和塔里木盆地深层复杂气藏为开发重点；2020~2030 年重点强化鄂尔多斯盆地东部、川中须家河、四川台缘礁滩、克拉苏构造深层等大气田的前期评价和产能建设工程。2030 年建成鄂尔多斯、塔里木和四川 3 个年产 400 亿立方米以上和柴达木 1 个 50 亿立方米以上的大中型天然气生产基地（表 4-1），实现西部地区天然气倍增发展。

表 4-1　西部常规气（含致密气）产量增长目标　　　单位：亿立方米

盆地	2015 年	2020 年	2025 年	2030 年
鄂尔多斯	427	450	450	450
四川	248	390	440	500
塔里木	252	320	390	420
柴达木	61	70	70	70
其他	41	55	55	60
西部小计	1 029	1 285	1 405	1 500

3. 重点建设川渝页岩气和鄂尔多斯煤层气两大非常规天然气基地，实现天然气上产有序接替

川渝页岩气 500 亿立方米上产工程。川渝地区页岩气已实现工业突破，截至 2016 年底累计探明可采储量 1 360 亿立方米，建成产能 123 亿立方米，2016 年产量 79 亿立方米。当前，川渝地区页岩气资源基础雄厚，主力页岩层系明确、埋藏适中，开发效果好。未来，以川渝地区海相为重点，启动川渝地区页岩气 500 亿立方米上产工程，加快四川长宁—威远、重庆涪陵、云南昭通、陕西延安等国家级示范区建设，推广应用水平井、工厂化作业模式，全面突破海相页岩气效益开发技术，实现产量大幅增长；国家统筹环保、地面审批流程和管道建设，制定财税金融倾斜政策，推动我国页岩气快速上产，2020 年产量达到 150 亿立方米，2030 年产能达到 500 亿立方米，产量达到 430 亿立方米（表 4-2）。

表 4-2　西部非常规天然气产量目标　　　单位：亿立方米

类别		2016 年	2020 年	2030 年	2035 年	2040 年	2050 年
非常规气产量	煤层气	18	50	220	230	300	320
	页岩气	79	150	430	480	530	530
	小计	97	200	650	710	830	850
产量占比例		8.6%	13.5%	30.2%	32.1%	35.6%	37.8%

煤层气 200 亿立方米上产工程。煤层气立足鄂尔多斯东缘和沁水盆地南缘两大已开发煤层气产业基地，加强综合地质精细研究，加强三维地震、羽状水平井、U 型井钻井及"变排量、大液量、适中砂比"活性水压裂工艺等适用技术持续攻关和规模化应用，提高单井产量，实现规模效益开发；加快准噶尔盆地、二连盆地、四川盆地蜀南地区、塔里木盆地等煤层气勘探评价，争取形成有序接替的煤层气有利目标区，扩大资源后备阵地。"十三五"期间，依托鄂尔多斯盆地东缘和沁水南部，立足高煤阶和中浅层，加快产业示范区建设，推进煤层气规模效益开发，2020 年产量 50 亿立方米；2020~2030 年力争突破深部煤层气地面开发技术，2030 年达到 220 亿立方米（表 4-2）。

（三）实施"三个一批"工程，为增储上产提供科技支撑

我国油气资源丰富，但丰度总体偏低、品位较差，分布具有多样性，发现难度大、周期长。目前勘探领域基本清楚，但勘探接替区不明确，亟须转变勘探思路，依靠理论技术创新实现深层油气勘探突破、实现已开发油田采收率的大幅提升、实现非常规油气的规模有效开发动用。因此，未来需要重点开展以下三方面攻关研究。

1. 超深层油气成藏理论与有效开发技术

我国含油气盆地以叠合盆地为主。根据国家新一轮油气资源评价成果（2003年），深层石油地质资源量超过 300 亿吨、天然气地质资源量 29 万亿立方米。超深层处于叠合盆地下最底层，成烃、成储与成藏历史复杂，储层致密，给有效开发利用超深层油气资源带来巨大挑战。未来，需重点开展以下三方面研究。

深层古老含油气系统重建与油气成藏理论及勘探关键技术。建立深-超深层原型盆地恢复、古老含油气系统与目标评价技术，实现对深层油气资源潜力与可利用性的客观判断；建立超深层高过成熟烃源岩演化机理与评价技术，对深-超深层资源属性进行客观评价；建立深层优质储层形成、保持及演化机理与评价预测技术，满足对深层资源开发利用的需要；建立深层油气岩石物理响应机理与分析方法，以及超深层油气地震成像与储层流体预测方法与预测技术，实现对深-超深层多类型勘探目标的有效评价。

超深层油气资源开发理论与关键技术。形成超高温、高压、高应力下岩石力学特征及在复杂开发环境下的响应机制与评价技术，满足深层油气层识别与储层改造的需要；突破超深井井筒流体高温流变特性、相态变化及井筒-地层复杂多相耦合流动规律与评价技术，形成超深层高温、高压、高应力下油气层跨尺度流固耦合非线性渗流机理及表征技术，实现深层油气资源高效开发利用。

超深层油气开发安全高效工程技术。形成超深井管柱动力学表征、井筒完

整性控制及高效破岩新方法，研发适应超高温、高压、高矿化度新型工作液配方，实现对深层优质储层快速安全钻井；突破超高温、高压、深层致密储层高效改造机制与关键技术，大幅度提高深层压裂改造效果；形成超高温、高压储层及复杂多相流井筒压力演变规律与采油采气关键技术，满足深层油气资源安全高效开发的需要。

2. 已开发油田提高采收率技术

提高采收率技术是保证油田稳产、实现资源充分利用的核心技术之一。我国已开发油田平均采收率28%，较美国低5.7个百分点，如果达到美国的平均水平，可多增加可采储量近20亿吨。当前，我国中高渗透老油田，主力产层强水洗段驱油效率已接近极限，而砾岩、复杂断块油藏注采系统恶化；低渗透油田，低采出程度阶段含水上升加快、提液能力不足、递减加大；超低渗透油田，水驱受效程度较差，动态采收率只有10%~12%；稠油油田，蒸汽吞吐轮次高，产量递减率大，转换开发方式势在必行。针对挖掘不同类型油田提高采收率潜力，未来重点开展以下三方面攻关研究。

高含水油田提高采收率技术。建立针对不同类型油藏、小尺度地质体精细表征、剩余油精细描述技术及配套技术系列，实现对剩余油的空间定量表征；基于地下油藏精细描述，实现智能精细分注和高效智能深部液流转向，最大限度地提高油气采收率；形成二三结合大幅度提高采收率理论体系和配套工程技术系列，二三结合开发形成规模产能，成为稳产主体；建立新一代化学驱理论体系和技术系列，三次采油技术的适应范围和环境友好性大幅度改进；同井注采等井筒控制关键技术与装备得到规模应用，生产效率明显提高；研发完备的油气开采智能一体化软件系统，实现油气开采动态仿真模拟、自动调整和控制等生产一体化智能模拟和管理数字油田。

低/特低渗透油田提高采收率技术。水驱技术实现由基础井网向合理井网、常规水驱向精细水驱、有效驱替向持续驱替转变；注气（空气/氮气）开发过程中油层耗氧与安全控制、泡沫体系耐油性和稳定性等工艺技术，实现工业化规模应用；驱油用小分子化学剂研制和有效注入技术实现突破，并在生产中规模应用见到明显成效；大平台丛式井钻完井优化设计与无水干法压裂和配套工艺技术及装备工业化应用，大规模降低成本、提高效益。

稠/超稠油油田提高采收率技术。发展多介质复合吞吐技术、蒸汽+气体+化学剂多介质复合蒸汽驱技术，提高蒸汽吞吐及蒸汽驱采收率，改善开发效益；发展气体/溶剂辅助SAGD技术，进一步改善SAGD开发效果；突破平面多层/垂向火驱技术，实现在注蒸汽/注水开发基础上进一步提高采收率20%以上；形成薄层超稠油有效开发技术，实现薄层超稠油储量有效动用；突破太阳能、电磁波加热油层开采技术，解决热采能耗高、环保不达标的问题；攻克稠油原位改质开采技术，大幅降低稠油开发成本。

3. 非常规油气规模有效开发关键技术

我国非常规油气资源丰富，开发利用程度总体较低，然而非常规油气是油气工业持续发展的重要组成，但不同类型非常规油气发展水平差异很大。致密气已成为天然气增储上产的重要领域，持续发展面临储量非均质性强、储量动用程度低、采收率低等难题。煤层气受煤层渗透率低、塑性和应力敏感性强等影响，储层改造和排采技术不完善，发展相对缓慢。页岩气仅在海相地层初步实现工业生产，规模发展仍面临页岩气富集规律、水平井快速钻进、复杂缝网体积压裂、产能预测等诸多挑战。致密油在鄂尔多斯、松辽等盆地初步实现工业生产，但陆相致密油受纵向层系多、横向变化快、气油比低、油质差等影响，甜点优选、提产增效和开发方式还有待持续探索。未来需重点开展以下三方面攻关研究。

致密油气规模勘探开发关键技术。形成致密油气富集区评价技术、致密油气甜点区地球物理识别与评价技术，实现对致密油气富集区与甜点区快速评价优选；形成致密油高效开采储层改造与补充能量开发技术、清洁高效压裂与驱替一体化技术，解决致密油开采能量不足、采收率低、开发成本高等难题，实现致密油规模有效开发利用；致密油原位改质开采技术进入先导试验，实现突破并在生产中见到初步成效；突破致密气甜点区提高采收率及稳产技术、低丰度致密气区开发机理与长期绿色开发技术，实现致密气资源大规模动用与有效开发。

页岩气规模勘探开发关键技术。发展页岩气基础地质理论与勘探评价技术，实现页岩气富集区快速评价优选；形成长水平段井眼轨迹优化设计及控制技术、安全快速钻井技术、高效体积压裂技术、微地震压裂裂缝监测技术、高效工厂化作业技术，实现复杂应力区页岩气优快钻井与高效改造，大幅降低作业成本；形成页岩气产能评价、井网优化与采气工艺技术，实现页岩气资源长期有效开发利用。

煤层气规模勘探开发关键技术。形成煤层气甜点识别技术、特低渗煤层增产改造技术、多煤层定量排采技术及煤层气提高采收率技术，实现高煤阶煤层气生产规模快速增长；建立中低煤阶煤层气成藏机制与有利区评价技术，高应力、大倾角、多煤层叠置区快速钻井和高效增产改造技术，深化研究中低煤阶煤层气富集机理，实现规模有效开发；突破深部煤层气勘探开发关键技术，实现深部煤层气商业化开发利用。

　　瞄准上述三大技术方向和关键技术需求，按照关键技术发展基础和成熟度，归纳形成"应用推广一批""示范试验一批""集中攻关一批"共三个一批42项技术（表4-3）。

表4-3　未来5~10年油气科技发展重点领域与重大技术方向

技术发展方向	未来5~10年（"十三五""十四五"期间）		
	应用推广一批	示范试验一批	集中攻关一批
超深层油气成藏理论与有效开发技术	深-超深层多类型勘探目标识别与评价技术；高过成熟烃源岩演化机理与评价技术	超深层油气地震成像与储层流体预测技术；深-超深层原型盆地恢复、古老含油气系统目标评价技术；超高温、高压、深层致密储层改造与高效开发关键技术；超深井管柱动力学表征、井筒完整性控制及高效破岩新技术；超高温、高压储层及复杂多相流井筒压力演变规律与采油采气关键技术	深层优质储层形成、保持及演化机理与评价预测技术；超深井筒流体高温流变特性、相态变化及井筒-地层复杂多相耦合流动规律与评价技术
已开发油田提高采收率技术	油藏精细表征与剩余油精细描述技术；二三结合大幅度提高采收率技术；低/特低渗油田水驱技术	特低丰度/高含水/复杂裂缝区致密气藏精细描述技术；薄层超稠油有效开发技术；稠油/超稠油多介质复合吞吐技术；蒸汽+气体+化学剂多介质复合蒸汽驱技术；气体/溶剂辅助SAGD技术；同井注采等井筒控制关键技术	新一代化学驱理论体系和技术系列；低/超低渗透油藏注气及泡沫驱提高采收率技术；纳米驱油技术；稠油平面多层/垂向火驱技术；太阳能、电磁波加热油层开采技术；稠油原位改质开采技术；油气开采智能一体化软件系统
非常规油气规模有效开发关键技术	致密油甜点区地球物理识别与评价技术；海相页岩气富集区评价优选技术；3 500米以浅页岩气分段压裂技术；大平台丛式井钻完井优化设计技术；长水平段水平井安全快速钻进技术	致密油油藏描述和有效开发技术；致密油清洁高效压裂与驱替一体化技术；海陆过渡相、陆相页岩气富集规律和甜点预测技术；页岩气气藏描述、产能评价技术；中低煤阶煤层气富集区段优选技术；多煤层煤层气定量排采技术；特低渗煤层增产改造技术	致密油气提高采收率技术；海陆过渡相/陆相页岩气排采工艺技术；深层煤层气勘探开发关键技术；高应力、大倾角、多煤层叠置区快速钻井与增产改造技术；无水压裂和配套工艺技术及装备

（四）创新生产方式，实现绿色高效开发

面对更加劣质化的资源、更加严苛的环保要求、不断增加的人工和资源占用成本，油气工业的持续发展离不开生产方式的创新与发展。当前，集约化、流程化、标准化、信息化已逐渐融入油气工业的生产中，并在节约资源、成本，提高效率、保护环境方面发挥了重大作用。

1. 平台丛式井钻井方式，通过集约化有效节约土地资源

平台丛式井钻井是在一个有限的钻井平台上钻若干口井，各井的井口相距不到数米，井底位于油气藏的不同点。丛式井技术充分利用井距小的特点，实现一台电机拖动相邻的多口油井同时采油，最大限度地满足丛式井采油工艺需要，节约电力消耗，提高抽油机和抽油系统使用寿命及效率。丛式井抽油技术是在长期的油田开发实践中逐步形成并成熟起来的，是西部低渗透和特低渗油田降低能耗，实现有效开发，提高开发效益的一种必然选择。

通过丛式井的钻井实践，证实利用钻机打丛式井开发油田具有良好的经济效益：①有助于减少井场数量，可减少临时占地和永久占地面积，由于斜井钻井的水平位移大，在一井场打较多的井，可控制更多的采油面积。②有助于减少油水和泥浆等污染面积。③便于集中管理，减少地面、地下油建工程费用，减少集输流程，节省人、财、物的投资，有效提升管理效益及开发水平。

以长庆油田为例，通过运用丛式井开发，节约土地占用4万余亩（1亩=666.67平方米）。原来单个标准井场的面积为3亩，合并为一个井组后，每增加1口井，井场面积增加240平方米，按每口井增加1亩地计算，每一个井组平均5口井可节约土地10亩。仅减少井场占地一项，每个井组可节约征地费用21万元。同时也可节约道路修建费用32万元，节约集输系统费用48万元。更重要的是，丛式井组可以减少劳动用工，从而长期节约工资性支出。虽然井场集中，造成钻井位移增大和井深加大，带来了工程费用的增加，但两者相抵，节约费用的效果十分显著。

2. 工厂化作业模式极大提高作业效率，有效降低工程成本

工厂化作业是指在同一地区集中布置大批相似井、使用大量标准化的装备和服务，以生产或装配流水线作业的方式进行钻井、完井、压裂的一种高效低成本的作业模式（图4-3）。工厂化作业不仅是一种技术进步，更是一种管理创新，它有效地解决了多工种作业活动中的协同配合、工时浪费、成本控制等难题。工厂化作业通过转换开发方式，为规模、经济、有效地动用难采储量提供了新的技术手段。

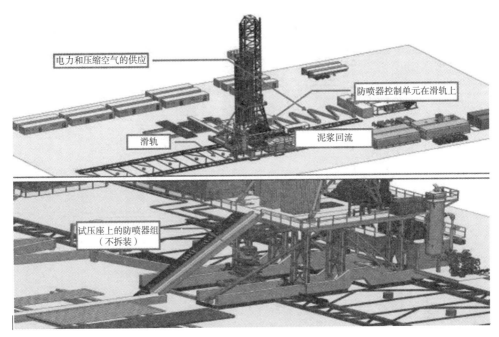

图 4-3　滑轨式钻机

工厂化钻井是井台批量钻井（pad drilling）和工厂化钻井（factory drilling）等新型钻完井作业模式的统称，是指利用一系列先进钻完井技术、装备、通信工具，系统优化管理整个建井过程涉及的多项因素，集中布置进行批量钻井、批量压裂等作业的一种作业方式。该作业方式，能够利用快速移动式钻机对单一井场的多口井进行批量钻完井和脱机作业，以流水线的方式，实现边钻井边压裂边生产。

工厂化压裂（fracfactory）指所有的压裂装备都布置在中央区，不需要移动设备、人员和材料就可以对多个井进行压裂。工厂化压裂作业模式成为规模化作业的雏形，这一概念后来逐渐扩展为工厂化钻完井。美国非常规油气开发的成功之路就是工厂化压裂，它能够降低钻完井成本，保证压裂质量，提高单井产量。

通过工厂化作业，钻井效率大幅提升。美国西南能源公司近几年在 Fayetteville 页岩气产区的钻井指标对比表明，水平井钻井周期从 2007 年的 17 天降为 2011 年的 8 天，水平段长却从 2007 年的 810 米增加到 2011 年的 1 474 米。其中 2011 年钻水平井 650 口，有 104 口水平井钻井周期不超过 5 天。尽管平均水平段长度逐年增加，但单井的钻完井成本并没有增加，说明单位进尺的钻完井成本逐年下降（图 4-4）。

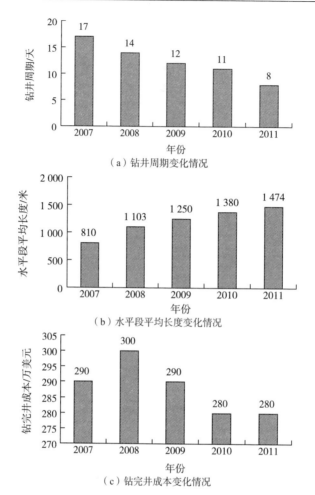

图 4-4 美国西南能源公司在 Fayetteville 页岩气产区水平井钻井情况

我国西部地区非常规油气和大面积低渗-特低渗油气资源丰富,工厂化钻完井作业技术在我国西部低渗透油气资源和非常规油气开发中将发挥更大的作用,具有巨大的经济和社会效益,应用前景广阔。尽管我们有丰富的丛式井施工经验,但迄今为止我们在工厂化作业方面经验还比较欠缺,无论是管理经验,还是钻机自动化、钻机移运性、丛式水平井设计与施工、流水线同步作业程序等方面都缺少经验,仍需要不断探索和发展。

3. 标准化设计,实现了地面发展方式转变

标准化设计通常以"优化简化、技术先进、安全环保、节能减排、经济高效、标准统一、持续改进"为指导思想,以"统一工艺流程、统一平面布局、统一模

块划分、统一设备选型、统一三维配管、统一建设标准"为建设原则,针对油气田地面工程建设中同类型的站场、装置和设施,设计出技术先进、通用性强、可重复使用的系列化设计文件,实现地面工程建设内容、建设标准和建设形式的协调和统一。标准化设计主要包括以下几个方面。

三维定型图设计,奠定了基础。三维设计是一种高效、先进的设计手段,不仅是提高设计质量和效率的重要手段,也是支撑模块化施工建设的有力保证(图 4-5 和图 4-6)。其具有六大优点:①三维建模,直观形象、精确定型;②工艺管道碰撞和匹配性自动检查,能有效避免设计差错;③一次建模、多次使用,直接拼接组合成各类标准化设计站场;④自动开列材料和设备表、绘制成品图纸,有效提高了设计效率;⑤工作量统计准确,便于造价编制;六轴测图管阀、焊口和长度精确表示,与工厂预制软件实现数据共享后可方便深度预制和组装。

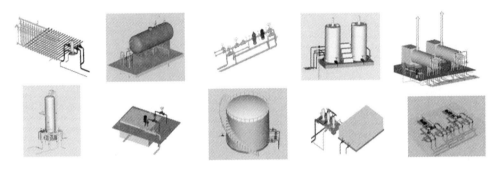

图 4-5　油气田地面工程建设定型模块

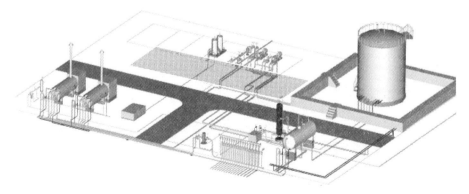

图 4-6　油气田地面站场组装标准化

规模化采购,降低了成本。标准化设计从根本上改变了传统的采购模式,对于同类场站物资,可形成批量采购;对于定型设备,可以在进一步明确责任主体的基础上简化采购程序。通过规模化采购,降低了采购成本,缩短了采购周期。

模块化建设，缩短了工期。模块化建设可有效克服现场施工工期短、建设环境复杂等困难，可以加快工程进度、提高工程质量、减少现场安装强度、现场施工人员数量和作业机具数量。

工厂化预制，减轻了环境污染。工厂化预制具有批量生产、流水作业、设备先进、环境改善、管理规范、质量易控等特点，采用工厂化预制后可使大部分工作量由现场转移到预制车间，减少了施工现场的垃圾和废料，保护了环境。

标准化设计，促进了工程的本质安全。从设计、采购、预制等方面实现了全过程质量控制，促进了工程本质安全。在设计方面，采用三维立体配管设计，实现计算机自动纠错、自动开料，大幅度降低了错、漏、碰、缺等设计差错；在采购方面，规模化采购有利于优选供应商，有利于采购、驻厂监造、质检和仓储全过程控制，保证了采购物资的质量；在预制方面，预制厂批量化、流水化施工作业，易于实施精细化管理和全过程质量控制。

4. 数字化建设，提升油气田开发效益和水平

数字化是 21 世纪的发展趋势，数字化建设就是利用数据采集、信息传输、自动控制、安全保护、视频监控等技术和手段，实现油气生产数据和信息自动采集、整理和应用，转变劳动组织形式，创新管理模式，提升油气田开发管理水平和综合效益。

通过数字化建设，可以实现油气田实时监测、实时数据采集、实时解释、实时决策与优化的闭环管理。可以将油井、油田及各种资源、人力、工艺、技术、方法与工具等相互联系到一起统筹经营与管理，在整个油气田开发的生命周期内，连续进行勘探与生产优化，提高效益和价值。以智能油气田建设为载体，实现油气田管理数字化是提升管理效率，实现高效发展的重要依托。智能油气田的关键技术为：①遥测技术，包括四维地震监测、重力测量、电磁监测、永久型地面检波器网络和永久型光纤井下检波器等；②可视化技术，包括综合勘探与生产数据的三维可视技术、虚拟现实技术等；③智能钻井与完井技术；④自动化技术；⑤数据集成、管理与挖掘技术；⑥集成管理体系等。

近年来中石油，按照"统一规划、统一标准、统一设计、统一投资、统一建设、统一管理"的原则要求，利用"数据采集、信息传输、自动控制、安全保护、视频监控"等技术和手段，建设了以"站场监控中心—区域生产管理中心—采油（气）厂生产调度中心—油气田公司生产指挥中心"为基础架构的数字化管理系统，促进了上游业务工业化和信息化的深度融合，实现生产运行数据自动采集、生产过程自动监控、紧急状态自动保护、生产场所智能防护、油气田统一调度管理，提升了油田的现代化管理水平，在提高工作效率、降低劳动强度、降低成本等方面发挥着越来越重要的作用。

例如，长庆油田在气田构建"调控中心（作业区）—场站（岗位）"的组织架构，在油田构建"厂（生产指挥中心）—作业区（调控中心）—站点（站控中心）"的组织架构，先后减少处级单位 11 个、采油井区 400 余个、井场看护点 6 000余个，形成了数字化条件下的高效劳动组织架构。作业区百万吨用工由 1 600 人降到 1 000 人以内，节约用工 30%以上。

5. 创新生产技术，实现绿色、高效开发生产

太阳能稠油热采和火烧油层开采技术，推动稠油绿色开发：①太阳能稠油热采技术。传统的稠油热采工艺通常需要燃烧大量天然气来产生高温蒸汽，而利用太阳能进行稠油开采则节能、降本、环保，符合绿色能源可持续发展的社会要求。GlassPoint 公司的太阳能稠油热采技术已投入商业化应用（图 4-7）。我国西部地区属于典型温带大陆性干旱气候，具有丰富的光热资源，具备太阳能利用的极佳条件，太阳能稠油热采需重点攻关槽式集热技术。②火烧油层技术。在注入空气的氧化作用下点燃油层内的一部分原油，加热前方的原油并将其驱向生产井的采油技术（图 4-8）。火烧油层技术保证实现油层的原位燃烧，改变了原油流动性，使超稠油很容易被采出，达到了提高原油采收率的目的。火烧油层技术已经实现由单层到多层、薄层到块状、普通稠油到特-超稠油的跨越。我国火烧油层技术水平已经达到了国际先进水平，规模也位居世界第三位，仅次于美国。火驱油藏技术适合于注蒸汽开发后期稠油油藏和薄层、薄互层稠油油藏，是实现西部地区稠油稳产和上产的重要储备技术。

（a）太阳能稠油热采现场示意图

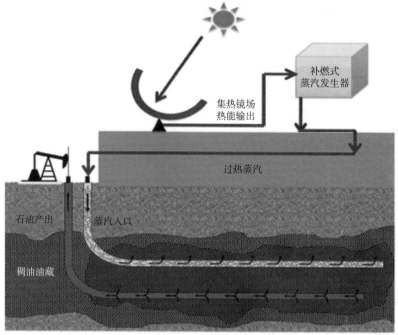

（b）太阳能稠油热采工作原理示意图

图 4-7 太阳能制备蒸汽稠油热采地面现场

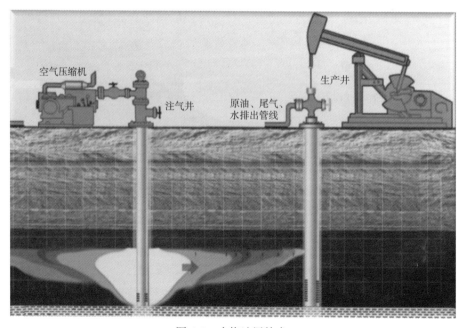

图 4-8 火烧油层技术

二氧化碳驱油与埋存技术，变废为宝，大幅提高原油采收率。我国西部地区具有较多的大型煤化工产业，这些企业排出的二氧化碳纯度高达97%，二氧化碳捕集成本低，将捕集的这些二氧化碳注入油层中，即可提高原油采收率，同时又可使大部分二氧化碳被永久埋存在地下，实现了温室气体的安全、有效埋存。通常，通过注入二氧化碳，可使原油采收率在水驱的基础上提高10%~20%，达到改善油田开发效益的目的，实现温室气体的效益减排。2007年以来，吉林油田先后建成了二氧化碳工业化应用试验区，年产油能力12万吨，年埋存二氧化碳能力35万吨，提高采收率10个百分点以上。目前，我国已建立了陆相沉积低渗油藏二氧化碳驱油与埋存理论，形成了二氧化碳驱油油藏工程设计方法、注采工艺及地面处理等配套技术，实现了二氧化碳驱油与埋存的工业化应用，为我国西部地区低渗透油田持续有效开发开辟了新的技术途径。

（五）推动管理体制改革，为油气发展提供制度保障

改革开放近40年以来，我国石油工业管理体制实现了从高度集中的计划经济体制向社会主义市场经济体制的转变，石油企业实现了从政府的附属物向法人实体和市场竞争主体的转变，石油工业实现了从封闭或半封闭状态向全面开放的战略转变。当前，我国国内形成四大油企有限竞争、国外形成较大规模，企业办社会职能不断剥离，国有企业的企业属性逐步强化，市场机制在石油工业中初步确立。

我国油气体制改革的总体目标是建立开放、竞争、高效、有序的石油勘探开发市场，培育多层次的、一流的、具有国际竞争力的石油企业。未来国内油气管理体制改革仍将坚持市场化、公司化的改革取向，利用国内有限的资源，培育多元化市场主体，依靠资金和技术实力提高国内油气资源的勘探开发和供应能力。未来体制改革需注重三个层面：一是选准改革的突破口；二是改革过程中利益分配机制的平衡；三是改革进行中和完成后政府的监管。三个层面互为补充，共同保证改革的顺利进行。

以矿业权改革为核心，放开上游市场，培育多元市场主体：①以新疆勘查开采改革试点为基础，适时扩大探矿权竞争性出让范围，在更大范围内引入多元竞争主体。②完善矿权管理制度。严格矿权退出机制，提高矿权持有成本，盘活国内探矿权存量；规范矿权交易，将矿权转让审批登记制改为"登记制"，实现矿权有序流动。③加强地质资料汇交管理，尽快建立地质资料信息共享机制，避免低效、无效投入。④建立国家级油气储量交易平台，健全油气储量评估标准和机构，培育市场化储量评估机构。

以鼓励资源充分利用为基础，以调节各方利益为重点，稳步推进油气财税制度改革：①实行国家权力金制度，最大限度实现全民所有的资源所有权收益；②调

节中央与地方分成比例，明确油气资源税收收益在中央与地方简单额分配方式和比例，适度向地方倾斜；③推行差别化石油特别收益金征收办法，建立资源耗竭补偿基金，用于风险勘探、老油田企业转型和代际补偿；④建立差别化税率调整机制促进低品位资源开发。

以适应多元市场主体有序竞争为目标，完善政府管理体制，强化政府监督管理职能：①改革过程中要坚持油气矿业权（包括新设立的页岩气等非常规油气资源矿权）国家一级管理；②研究制定石油天然气法，统领油气相关法律法规制定，完善油气相关法律法规体系；③建立权责明确的油气勘查开采政府监管体系，加强相关标准修订工作，明确政府职能，建立透明和制度化的管理方式，加快监督能力建设，构建高素质监管队伍，实行全过程监督，维护勘查开采秩序。

在管理体制改革的过程中，为保证改革的顺利进行，还需要政府关注两个层面的问题：一是切实剥离国有企业办社会职能，考虑国有企业在资源型城市可持续发展等问题中发挥的社会责任，在制度设计上保证国有企业与其他企业的公平竞争；二是在市场化机制下，依然需要国家从制度和标准上进行行业总体调控，避免大起大落。

（六）优化装置和产品结构，建设特色加工基地和油气技术装备支持中心

新疆地区油气工业基础较为雄厚，通过发挥资源优势和区位优势，经过近70年的发展建设，新疆地区已建成油气产量规模近 5 000 万吨的油气生产基地，体系较为完善的、加工能力近 3 000 万吨/年的大型油气加工基地，输送能力达到原油 2 000 万吨/年、天然气 770 亿米³/年，具有国际一流水平的油气输送大通道。形成了集油气勘探开发、石油化工、油气服务、机械制造为一体的较为完整的石油石化工业体系、科研体系、管理体系和后勤保障体系，涌现了一大批有实力的石油石化企业。具备建设特色炼化基地、油气技术装备技术中心和能源输送大通道的基础和条件。

1. 建设新疆三大特色炼化基地和一个天然气综合利用基地

按照构建独—奎—克石化基地、乌鲁木齐石化基地和塔河炼化基地和天然气综合利用基地总体方案，未来需要从四个方面优化产能规模，调整产品结构：①独—奎—克石化基地。调整炼油结构、降低柴汽比、乙烯原料轻质化；提高重油加工能力，打造高品质润滑油和高等级道路沥青两个百万吨基地；建设独山子石化 60 万吨 PX、100 万吨 PTA 联合装置，开发特种合成橡胶产品。②乌鲁木齐石化基地。优化装置和产品结构、降低柴汽比；延伸产业链，建设一体

化产业集群，建设 100 万吨/年 PTA 项目，打造特种纤维研发和生产基地。③塔河炼化基地。引入春风原油，提高沥青等级；开展顺北轻质原油加工方案研究，降低石油焦及其硫含量、增产化工产品。④南疆天然气综合利用基地。以利用天然气资源为主导，形成产业链丰富、完备的天然气精细化加工体系，生产高附加值化工产品。

2. 建设"丝绸之路经济带"油气技术装备支持中心

新疆地区作为"丝绸之路经济带"核心区，经过近 70 年的发展建设，已发展成为我国西部拥有千万吨大油田和具有近 3 000 万吨/年炼化能力的炼油化工基地，形成了集油气勘探开发、石油化工、油气服务、机械制造为一体的较为完整的石油石化工业体系、科研体系、管理体系和后勤保障体系。借助国家"一带一路"倡议向西开放，发挥新疆区位优势，面向中亚-俄罗斯，选择在伊犁建设"丝绸之路经济带"油气技术装备支持中心，形成技术服务、装备出口、后勤保障、人员交流休整基地。一方面将拓展中亚-俄罗斯市场提供技术、装备支持；另一方面将促进各方交流，推动国家间合作发展。

三、推动西部地区油气发展的政策建议

（一）强化体制革命，增强发展活力

1. 深化新疆矿业权改革试点

以新疆勘查开采试点为契机，深化完善探矿权竞争性出让制度、出让办法，包括完善评标规则、制定竞争性出让长期规划、制定延续与退出规则、探索适合国情的出让改革途径。完善油气探矿权竞争性出让方式，包括增加透明度、公平对待各类企业、保持规则一致性和可靠性。建立勘探区块强制退出机制，逐步放宽上游勘探开发准入，培育石油勘探开发多元化市场主体。并在总结经验之后将其逐步推向全国，引导全国改革。

2. 建设资源储量交易平台，盘活存量资源

鼓励建设西部地区油气交易平台，建立油气资源和储量的矿业权评估机制，促进油气定价市场化改革，充分发挥市场优化资源配置作用。以探明未动用储量为切入点，制定储量价值评估和储量交易规则，搭建储量交易平台，推动难动用储量上市交易，鼓励企业开发模式和管理合作创新，借助小企业成本低优势，盘活数十亿吨边际资源，培育市场多元主体。

3. 超前谋划财税体系和监督等制度建设

完善石油税收制度，将石油特别收益金转变为法定税收，且将其设定为滑动税率，确保资源收益的合理分配。强化市场化推进过程中的各项监管，创新监管模式，确定监管部门及其职责与分工，明确监管目的、主要内容和方式；建立监管工作规程、方法和工作体系；健全监管队伍；建立监管信息平台和信息公开、公告制度，保证市场化背景下公平竞争和防范国有资产流失。同时，加强环境和油气基础设施公平接入等方面的监督。

（二）设立风险勘探基金，推动战略接替

1. 设立30亿~50亿元油气风险勘探基金

为鼓励石油公司在"三新"领域加强风险勘探，建议国家从石油税收中拿出30亿~50亿元资金设立西部地区油气风险勘探基金。勘探目标由石油公司提出与实施，由国家成立的专家审查委员会审查把关；政府通过购买服务方式委托石油公司实施风险目标钻探，取得战略发现后，通过市场招标方式有偿出让，所得收益优先补充风险勘探基金，形成长效机制。

2. 加大新区地球物理勘探

明确国家层面新区定义，将新区新盆地前期地震勘探工作纳入"国家找矿突破战略行动计划"，由国家出资、自然资源部负责组织实施，资料向石油公司开放，推动新区突破。

（三）实行差别化财税政策，增强发展后劲

1. 建立资源耗竭补偿制度

调整石油特别收益金后续利用方向，国家从资源类税费中按比例提取资金，组建资源耗竭补偿基金，主要用于资源型城市持续发展问题，在解决历史遗留问题的同时，推动企业转型和代际补偿。

2. 对低品位资源实施差别化财税政策

对非常规油气资源、深水油气资源、稠油、高凝油、三次采油、低丰度油气资源，以及枯竭性尾矿油气资源，建议国家借鉴美国、加拿大等国家的做法，制定低效-无效、超低产井开发和非常规油气勘探开采扶持政策，综合运用差别化财政、税收和金融调整机制，促进特高含水老油田提高采收率和低品位资源效益开发。尽快制定石油尾矿标准，给予尾矿开发一定的扶持政策，实现资源

充分利用。

3. 合理调整西部地区油气企业税赋

建议国家统筹考虑地方利益诉求和企业发展实际，按照互利共赢原则，地方政府应制定合理的税收政策。率先在西部地区推进油气财税制度改革，合理调整西部地区油气企业税赋，对西部油气企业在企业所得税、增值税等方面加大优惠力度。同时，为留住人才，建议给予西部油气企业员工个人所得税相应的优惠。

（四）推进技术革命，支撑跨越发展

1. 实施五大科技创新战略

依托国家重大科技专项、国家自然基金项目和专项支持项目，瞄准新疆地区、非常规石油、海域深水三大战略接替领域与低品位资源开发，实施深层、非常规、提高采收率、低成本开发和油气资源绿色开采五大科技创新战略，从石油分布与富集规律、勘探开发技术和装备准备入手，组织国内外科研力量开展理论创新和技术攻关。

2. 实施"三个一批"重点技术研发和推广应用工程

为推动西部地区油气工业发展，兼顾当前与长远，以现实勘探开发领域拓展、提高采收率为重点，确定近期推广、集中攻关、超前储备"三个一批"重点技术，国家针对有重大应用前景的技术给予重点扶持。

3. 设立油气勘探开发科技专项

为支撑西部地区油气资源开发，针对页岩油新类型、天山南部天然气资源拓展和鄂尔多斯盆地长期稳产，建议国家设立三项重大科技攻关专项：①页岩油"地下炼厂"重大科技专项，重点攻关页岩油有利区评价、优选技术，页岩油地下高效转化机理与开采工艺，页岩油地下转化关键装备研发，清洁能源综合利用技术。②天山南北天然气勘探开发重大科技专项，重点攻关天山南北油气成藏规律与有利区优选技术，明确勘探潜力和重点；攻关目标识别与安全快速钻进技术，形成配套技术。③鄂尔多斯特低渗-致密油气高效开发科技专项，重点探索超低渗油气藏体积改造下渗吸驱油理论，特低渗-致密油气藏提高采收率新方法，超低渗油藏水平井有效补充能量技术和低、特低渗油藏水驱扩大波及体积关键技术，低渗-超低渗油藏关键工艺技术系列和复杂油藏规模动用关键技术。

（五）深化国有企业改革，提升管理运营效率

1. 深化国有企业改革

选择驻西部油气企业，深化国有油气企业股份制改革，进一步完善管理体制和运营机制；稳步推进国有企业改革，加快剥离国有企业办社会职能，建立完善的监管制度，保障市场化背景下公平竞争和防止国有资产流失。

2. 构建竞争性市场主体

推进油气技术服务、工程建设、装备制造等业务独立运营，培育形成完全市场化的油气技术服务、工程建设、装备制造竞争体系；适时适度缩减国有企业工程技术服务公司规模，着力培育大批具有特色技术的油服公司，形成完善的甲乙方市场，依靠市场竞争，形成多层次、竞争力强、多元化的油田服务市场主体。

（六）给予新疆地区维稳政策倾斜和适度提高当地福利待遇

1. 通过政策调整，适度提高疆内员工福利待遇

为推动新疆社会稳定和长治久安，国家和新疆维吾尔自治区相继制定出台了创业就业、教育改革、医疗保险、住房补贴等一系列惠民利民政策。但上述优惠政策尚未覆盖到驻疆央企，在新疆的石油企业员工不能同地方人员享受同等相关待遇。可以针对驻疆央企设定特殊地区维稳安保补贴，调整地区补贴标准，建立新疆工作年限津贴等，并通过减免税费等政策倾斜措施，回补在新疆工作的石油企业员工。

2. 通过税费政策倾斜，给予防恐维稳专项资金支持

2009 年前后新疆特别是南疆是重大恶性暴恐事件多发地区，对油田的安全生产、生活带来了不利影响，由于国家或地方政府没有设立专项资金，当地油田公司企业投入大量资金和人力物力确保安防建设和安保人员到位，建议国家可以通过减免税费等措施给予专项资金支持，或者针对油田公司维稳资金在税前扣除，在探矿权或采矿权区块年检时将维稳经费作为有效投入计入勘探投资。

参 考 文 献

薄启炜，张琪，张秉强. 2003. 井下油水分离同井回注技术探讨[J]. 石油钻采工艺，25（2）：70-72

才汝成，李晓清. 2004. 低渗透油藏开发新技术[M]. 北京：中国石化出版社

曹明君，杜焱，张凤桐. 2005. 井下油水分离同井注采技术对聚驱采出井适应性分析[J]. 大庆石
　　油学院学报，25（6）：55-58

曹桢. 2016-08-30. 依赖多气源供应新天然气彰显规模优势[N]. 证券时报，（A06）

陈刚，李辛子，苏坤，等. 2015. 中石化矿权区煤层气地质及资源评价课题成果报告[R]

陈俊豪，吴天忠. 2007. 发挥炼化一体化优势优化裂解原料[J]. 乙烯工业，19（4）：20-24

陈祖锡，葛云华，周煌辉. 1992. 用丛式井开发油田的方案设计[J]. 石油钻采工艺，14（6）：19-28

程远方，王桂华，王瑞和. 2004. 水平井水力压裂增产技术中的岩石力学问题[J]. 岩石力学与工
　　程学报，23（14）：2463 -2467

池洪建. 2013. 长输油气管网区域化管理探讨[J]. 国际石油经济，（8）：80-83，110

邸军. 2016. 新疆：丝路核心区崛起石化新龙头[J]. 中国石油和化工，（2）：26

杜现飞，李建山，齐银，等. 2012. 致密厚油层斜井多段压裂技术[J]. 石油钻采工艺，34（4）：
　　61-63

高弘毅，侯天江，吴应川. 2009. 注天然气驱提高采收率技术研究[J]. 钻采工艺，32（5）：25-27

高鹏，王培鸿，杨耀辉，等. 2016. 2015 年中国油气管道建设新进展[J]. 国际石油经济，24（3）：
　　60-65

关文龙，席长丰，陈亚平，等. 2011. 稠油油藏注蒸汽开发后期转火驱技术[J]. 石油勘探与开发，
　　38（4）：452-462

韩洪升，张艳娟，孙晓宝. 2007. 多杯等流型气锚对井下油水分离的效果[J]. 石油地质与工程，
　　21（1）：81-83

韩烈祥，向兴华，鄢荣，等. 2012. 丛式井低成本批量钻井技术[J]. 钻采工艺，35（2）：5-8

何明舫，马旭，张燕明等. 2014. 苏里格气田"工厂化"压裂作业方法[J]. 石油勘探与开发，41（3）：
　　349-353

胡见义，赵文智，钱凯，等. 1996. 中国西北地区石油天然气地质基本特征[J]. 石油学报，17（3）：
　　1-11

胡文瑞. 2008a. 论老油田实施二次开发工程的必要性与可行性[J]. 石油勘探与开发，35（1）：
　　1-5

胡文瑞. 2008b. 中国石油非常规油气业务发展与展望[J]. 天然气工业，28（7）：5-7

胡文瑞，翟光明. 2010. 鄂尔多斯盆地油气勘探开发的实践与可持续发展[J]. 中国工程科学，
　　2010，（5）：64-72

胡文瑞，翟光明，李景明. 2010. 中国非常规油气的潜力和发展[J]. 中国工程科学，（5）：25-29

胡文瑞，何欣，鲍敬伟，等.2014. 美国低产油井产量变化规律与中国提高单井产量的实践[J]. 石油学报，35（2）：395-401

胡永乐，王燕灵，杨思玉，等.2004. 注水油田高含水后期开发技术方针的调整[J]. 石油学报，25（5）：65-69

胡永全，赵金洲，薄万芬，等.2000. 裂缝压新裂缝重复压裂技术[J]. 西南石油学院院报（自然科学版），22（3）：61-64

胡永全，林辉，赵金洲.2004. 重复压裂技术研究[J]. 天然气工业，24（3）：72-75

华方奇，宫长路，熊伟，等，2003. 低渗砂岩油藏渗吸规律研究[J]. 大庆石油地质与开发，22（3）：51-53

黄继红，关文龙，席长丰，等.2010. 注蒸汽后油藏火驱见效初期生产特征[J]. 新疆石油地质，31（5）：517-520

黄建东，孙守港，陈宗义，等.2001. 低渗透油田注空气提高采收率技术[J]. 油气地质与采收率，8（3）：79-81

贾承造，邹才能，李建忠，等.2012. 中国致密油评价标准、主要类型、基本特征及资源前景[J]. 石油学报，33（3）：343-350

江丽.2015. 中国（新疆）与哈萨克斯坦油气资源领域合作研究[D]. 新疆财经大学硕士学位论文

姜必武，黄远，周会清.2009. 长庆低渗透油田重复压裂技术研究[J]. 钻采工艺，32（3）：63-64

姜伟.1995. 小井眼设计降低了渤海丛式井钻井成本[J]. 中国海上油气（工程），7（3）：16-20

蒋祖军.2003. 丛式井优快钻井技术在川西地区的应用[J]. 天然气工业，23（S1）：63-65

康一平.2016. 国内外无水压裂技术研究现状与发展趋势[J]. 技术研究，（4）：73-74

李鸿鹏.2014. 论物联网在能源行业低碳发展中的作用[J]. 中国管理信息化，17（1）：59-60

李军.2016-05-23. 新疆加快丝路油气加工中心建设[N]. 中国能源报，（13）

李克智，何青，秦玉英，等.2013. "井工厂"压裂模式在大牛地气田的应用[J]. 石油钻采工艺，35（1）：68-71

李隆，唐雷.2016. 新疆"十三五"能源发展规划延伸产业链[J]. 大陆桥视野，（4）：61-62

李士奎，刘卫东.2007. 低渗透油藏自发渗析驱油试验研究[J]. 石油学报，28（2）：109-112

李士伦，孙雷，郭平，等.2006. 再论我国发展注气提高采收率技术[J]. 天然气工业，26（12）：30-34

李鹢，King-kai H，Franks T，等.2013. 四川盆地金秋区块非常规天然气工厂化井作业设想[J]. 天然气工业，33（6）：1-6

李小地，赵文智，张国生.2003. 中国西部地区石油资源潜力与开发前景[J]. 资源科学，25（4）：20-24

李艳，宋岭.2007. 新疆石油化工产业发展现状分析及对策建议[J]. 市场周刊（理论研究），（1）：37-39

梁金中，关文龙，蒋有伟，等.2012. 水平井火驱辅助重力泄油燃烧前缘展布与调控[J]. 石油勘探与开发，39（6）：720-727

林永辉.2006. 新疆天然气产业发展对策探讨[J]. 天然气经济，（1）：38-41

刘春宇.2007. 新疆石油产业发展研究[D]. 新疆农业大学博士学位论文

刘瑞果，王为民，苏进昌.2009. 歧口 18-1 油田晚期注水研究[J]. 岩性油气藏，21（1）：116-119

刘社明，张明禄，陈志勇，等.2013. 苏里格南合作区工厂化钻完井作业实践[J]. 天然气工业，33（8）：64-69

刘新平，王振波，金有海.2007. 井下油水分离采油技术及展望[J]. 石油机械，35（2）：51-53

刘应忠，胡士清. 2009. 高 3-6-18 块火烧油层跟踪效果评价[J]. 长江大学学报（自然科学版），
　　6（1）：52-56

刘媛. 2015. 新疆利用中亚五国优势矿产资源对策研究[D]. 中国地质大学硕士学位论文

龙胜祥，包书景，陈新军，等. 2013. 中国石化页岩油气资源评价与选区专项[Z]

罗佐县. 2009. 油气管网建设 60 年发展历程及趋势展望[J]. 中国石油和化工经济分析，（10）：
　　22-25

聂海宽，张培先，边瑞康，等. 2016. 中国陆相页岩油富集特征[J]. 地学前缘，23（2）：55-62

钱伯章，李武广. 2013. 页岩气井水力压裂技术及环境问题探讨[J]. 天然气与石油，31（1）：48-53

邱中建，赵文智，胡素云，等. 2011. 我国油气中长期发展趋势与战略选择[J]. 中国工程科学，
　　13（6）：75-80

曲占庆，张琪，李恒，等. 2004. 井下油水分离系统设计及地面监测模型研究[J]. 西安石油大学
　　学报，21（3）：34-37

沈平平，赵文智，窦立荣. 2000. 中国石油资源前景与未来 10 年储量增长趋势预测[J]. 石油学
　　报，21（1）：1-6

宋晓鹏. 2004. 西部在中国石油战略安全中的地位[J]. 西部论丛，（8）：12-14

唐梅荣，赵振峰，李宪文，等. 2010. 多缝压裂新技术研究与试验[J]. 石油钻采工艺，32（2）：
　　71-74

唐玮，冯金德. 2016. 油田生产经营应对低油价的思考及建议[J]. 石油科技论坛，35（2）：33-36

天工. 2010. 我国西部油气发展迎来历史新机遇[J]. 天然气工业，（7）：12.

王凤江，丁方宏，路勇. 1999. 低渗透油田重复压裂技术研究[J]. 石油勘探与开发，23（1）：71-73

王国勇. 2012. 致密砂岩气藏水平井整体开发实践与认识——以苏里格气田苏 53 区块为例[J].
　　石油天然气学报，34（5）：32-36

王海滨. 2016. 新疆 PTA 产业链发展分析[J]. 聚酯工业，29（6）：6-7

王林，马金良，苏凤瑞，等. 2012. 北美页岩气工厂化压裂技术[J]. 钻采工艺，35（5）：48-50

王平，姜瑞忠，王公昌，等. 2012. 低矿化度水驱研究进展及展望[J]. 岩性油气藏，24（2）：106-110

王志良. 2010. 物联网：现在与未来[M]. 北京：机械工业出版社

魏海峰，凡哲元，袁向春. 2013. 致密油藏开发技术研究进展[J]. 油气地质与采收率，20（2）：
　　62-66

吴则鑫. 2013. 致密砂岩气藏水平井段内多缝体积压裂技术的应用及其效果分析[J]. 科学技术
　　与工程，13（7）：1671-1815

席长丰，关文龙，蒋有伟，等. 2013. 注蒸汽后稠油油藏火驱跟踪数值模拟技术——以新疆 H1
　　块火驱试验区为例[J]. 石油勘探与开发，40（6）：715-721

项有建. 2010. 冲出数字化：物联网引爆新一轮技术革命[M]. 北京：机械工业出版社

新疆与周边国家石油化学工业合作途径与对策研究课题组. 2005. 新疆石油化学工业与周边国
　　家相关产业合作潜力分析[J]. 中共乌鲁木齐市委党校学报，（4）：5-7

闫海龙. 2017. 新疆丝绸之路经济带核心区建设的现状与优发展途径[J]. 对外经贸实务，（4）：
　　24-27

燕庆明. 2012. 物联网技术概论[M]. 西安：西安电子科技大学出版社

杨亚东，廖阔，李彬. 2011. 水力加砂压裂技术在苏里格气田的应用[J]. 天然气技术与经济，5（1）：
　　34-36

杨智，邹才能，付金华. 2017. 基于原位转化/改质技术的陆相页岩选区评价——以鄂尔多斯盆
　　地三叠系延长组 7 段页岩为例[J]. 深圳大学学报，34（3）：221-228

叶晓端. 2019. 低渗透油田重复压裂技术研究[D]. 西南石油学院硕士学位论文

雍晓艰，王刚. 2017. 新疆非常规油气资源勘探开发进展[J]. 中国煤层气，（1）：44-47

余晓钟，辜穗. 2016. 新疆——中亚丝绸之路经济带能源合作战略研究[J]. 深圳大学学报（人文社会科学版），33（4）：83-87

张晨阳. 2015. 中国——中亚能源大通道与新疆口岸基地建设研究[D]. 新疆大学硕士学位论文

张大伟，李玉喜，张金川，等. 2012. 全国页岩气资源潜力调查评价[M]. 北京：地质出版社

张广东，刘建仪，孙天礼，等. 2008. 关于注烃气非混相驱油藏筛选准则的探讨[J]. 钻采工艺，31（2）：86-87

张辉，于孝玉，马立文，等. 2014. 吉林低渗透油藏气驱开发潜力[J]. 大庆石油地质与开发，33（3）：130-134

张劲松，冯叔初. 2001. 对井下油水分离和同井回注的认识[J]. 油气田地面工程，20（2）：5-6

张亮，任韶然，王瑞和，等. 2010. 南海西部盐水层 CO_2 埋存潜力评估[J]. 岩土力学，31（4）：1238-1242

张雄化，张淑英. 2008. 西部地区油气资源开发促进经济发展的研究[J]. 经济师，（4）：44-45

张一鸣. 2015-09-10. 新疆加大油气资源就地转化力度[N]. 中国经济时报，（007）

张益娜. 2016. 丝绸之路经济带框架下新疆建设重要能源基地的研究[J]. 中国商论，（13）：147-148，150

赵金洲，胡永全，蒲万芬，等. 2004. 堵老缝压新缝重复压裂技术[A]//何生厚. 水力压裂技术学术研讨会论文集[C]. 北京：中石化出版社

赵文智，黎民，王社教. 2005. 中国石油发展新能源和可再生能源的机遇与挑战[J]. 中国石油勘探，（5）：81-86

赵文智，胡永乐，罗凯. 2006. 边际油田开发技术现状、挑战与对策[J]. 石油勘探与开发，33（4）：393-398

赵文智，汪泽成，王红军，等. 2008. 中国中、低丰度大油气田基本特征及形成条件[J]. 石油勘探与开发，35（6）：641-650

赵文智，沈安江，周进高，等. 2014. 礁滩储集层类型、特征、成因及勘探意义——以塔里木和四川盆地为例[J]. 石油勘探与开发，41（3）：257-267

郑存川，唐晓东，黄元东，等. 2011. CO_2 在油田开发中的应用[J]. 油田化学，28（3）：349-353

郑轶丹，乔明，李雪静，等. 2011. 新疆炼油与化工产业发展现状及面临的挑战[J]. 中外能源，16（8）：103-108

中国工程院. 2009. 中国能源中长期（2030、2050）发展战略研究：电力·油气·核能·环境卷[M]. 北京：科学出版社

中国石油化工股份有限公司油田勘探开发事业部. 2015. 中国石油化工股份有限公司储量公报[Z]

周凤军，陈文明. 2009. 低渗透岩心渗吸实验研究[J]. 复杂油气藏，2（1）：54-56

周健，王卫忠，赵润琦. 2009. 苏里格气田苏 14 区块丛式井钻井技术[J]. 石油天然气学报，31（1）：249-250

周万富，王鑫，卢祥国. 2017. 致密油储层动态渗吸采油效果及其影响因素[J]. 大庆石油地质与开发，36（3）：149-155

周雪琴. 2016. 一带一路带来的新疆发展新机遇[J]. 物流工程与管理，（9）：81-82

Abdulla F，Hashem H S，Abdulraheem A，et al. 2013. First EOR trial using low salinity water injection in the Greater Burgan Field，Kuwait[R]

Abel J. 1981. Application of nitrogen fracturing in the Ohio Shale[R]

Cander H. 2012. What is unconventional resources? A simple definition using viscosity and permeability[R]

Castaneda L C, Munoz J A D, Ancheyta J. 2014. Current situation of emerging technologies for upgrading of heavy oils[J]. Catalysis Today, s220-222（3）: 248-273

Eck M, Steinmann W D. 2005. Modelling and design of direct solar steam generating collector fields[J]. Journal of Solar Energy Engineering, 127（3）: 371-380

Hasanvand M Z, Ahmadi M A, Shadizadeh S R, et al. 2013. Geological storage of carbon dioxide by injection of carbonated water in an Iranian oil reservoir: A case study[J]. Journal of Petroleum Science & Engineering, 111（11）: 170-177

Kantanong N, Bahrami H, Rezaee R, et al. 2012. Effect of sand lens size and hydraulic fractures orientation on tight gas reservoirs ultimate recovery[R]

Kaya A S, Sarica C, Brill J P. 2001. Mechanistic modeling of two-phase flow in deviated wells[J]. SPE Production & Facilities, 16（3）: 156-165

Laing D, Bahl C, Bauer T, et al. 2011. Thermal energy storage for direct steam generation[J]. Solar Energy, 85（4）: 627-633

Morisson V, Rady M, Palomo E, et al. 2008. Thermal energy storage systems for electricity production using solar energy direct steam generation technology[J]. Chemical Engineering and Processing, 47（3）: 499-507

Odeh S D, Morrison G L, Behnia M. 1998. Modelling of parabolic trough direct steam generation solar collectors[J]. Solar Energy, 62（6）: 395-406

Riazi M, Sohrabi M, Bernstone C, et al. 2011. Visualisation of mechanisms involved in CO_2 injection and storage in hydrocarbon reservoirs and water-bearing aquifers[J]. Chemical Engineering Research and Design, 89（9）: 1827-1840

Sarg J F. 2012. The Bakken: An unconventional petroleum and reservoir system[R]

Seccombe J, Lager A, Jerauld G, et al. 2010. Demonstration of low-salinity EOR at interwell-scale, endicott field, Alaska[R]

Sohrabi M, Kechut N I, Riazi M, et al. 2012. Coreflooding studies to investigate the potential of carbonated water injection as an injection strategy for improved oil recovery and CO_2 storage[J]. Transport Porous Med, 91（1）: 101-121

Stuebinger L A, Elphingstone G M. 2000. Multipurpose wells: downhole oil/water separation in the future[J]. SPE Production & Facilities, 15（3）: 191-195

Valenzuela L, Zarza E, Berenguel M, et al. 2005. Control concepts for direct steam generation in parabolic troughs[J]. Solar Energy, 78（2）: 301-311

Wang Q, Luo J Z, Zhong Z Y, et al. 2011. CO_2 capture by solid adsorbents and their applications: Current status and new trends[J]. Energy and Environmental Science, 42（1）: 42-55